Payer moins d'impôts pour Les Nuls

Édition 2016-2017

Robert Matthieu

FIRST Editions

Payer moins d'impôts pour les Nuls

Éditions First, un département d'Édi8
12, avenue d'Italie
75013 Paris – France
Tél. : 01 44 16 09 00
Fax : 01 44 16 09 01
Courriel : firstinfo@editionsfirst.fr
Site Internet : www.pourlesnuls.fr

ISBN : 978-2-7540-8543-4
Dépôt légal : mars 2016
Imprimé en Italie par La Tipografica Varese Srl - Varese

Correction : Valérie Gios et Catherine Lavigne
Couverture et mise en page : KN Conception
Illustrations : Marc Chalvin

Sommaire

À propos de l'auteur

Robert Matthieu, ancien inspecteur central des impôts, fiscaliste, est l'auteur du best-seller *Le Racket fiscal* (Albin Michel, 1990) et de nombreux ouvrages de droit pratique : *Échec à la dictature fiscale* (Albin Michel, 1991), *L'Enfer fiscal* (Albin Michel, 1992), *Le Guide d'autodéfense du contribuable* (Robert Laffont, 1993), *Le Guide pratique et juridique du contrôle fiscal* (Grancher, 1999), *Le Guide pratique et juridique des associations* (Grancher, 2000) *SOS Impôt* (L'Archipel, 2003), *Le Guide Matthieu des associations* (First, 2005), *Le Guide fiscal Matthieu* (First, 2005 ; réédition 2006) et *Dans le Labyrinthe fiscal* (Albin Michel, 2010). *Payer moins d'impôts pour les Nuls*, réédité chaque année, en est à sa 6e édition.

L'auteur est également essayiste. Son ouvrage *Dans le labyrinthe fiscal* (Albin Michel) a valu à Robert Matthieu une nomination pour le prix Edgard-Faure du meilleur livre de littérature politique 2010. Dans *Contribuables, unissez-vous !* (First, 2012), l'auteur dévoile les grands axes d'une réforme aussi réaliste qu'urgente pour un impôt plus efficace, plus juste. Et comme il faut savoir rire des choses qui fâchent, Robert Matthieu a été l'invité d'honneur des Grosses Têtes de Philippe Bouvard pour son livre *Le Bêtisier fiscal* (Albin Michel, 2013). Il a publié *Les Stars face à l'impôt* (Maxima, 2015).

Passionné par l'impôt envisagé comme un reflet de la société, il met à profit son expérience de plus de trente ans pour mettre le droit à la portée de tous, œuvrant notamment pour la suppression de « l'impôt sur l'ignorance » et pour une réforme fiscale fondée sur la justice, la simplification et le respect des libertés. Régulièrement sollicité, il participe à de nombreuses émissions télévisées et radiophoniques et écrit des articles dans plusieurs revues.

Contact : `robertmatthieu@free.fr`

Dédicace

Ce livre est dédié :

- À ceux qui paient l'impôt sans le devoir
- À ceux qui le paient sans le savoir
- À ceux qui veulent guérir de la crainte maladive de l'impôt
- À ceux qui veulent en savoir davantage sans oser le demander ni savoir à qui poser leurs questions
- Bref, aux contribuables décidés à ne plus payer « l'impôt sur l'ignorance »
- Et à l'impôt, bien sûr, expression de la solidarité humaine

Remerciements

Un grand merci à :

- À Laurence, qui a su me convaincre qu'il y avait une vie après l'impôt
- À Emmanuel, du fond du cœur
- À mes fidèles lecteurs qui, par leurs encouragements, leurs témoignages, m'ont donné la passion d'être utile
- À Vincent Barbare, pour la confiance qu'il me témoigne
- À Laure-Hélène Accaoui, pour son professionnalisme et son cordial soutien
- À Caroline Destais, pour son chaleureux soutien
- À Raphaël Dupuy, pour son cordial soutien

Introduction

Payer moins d'impôt ! Un rêve accessible à tous... En toute légalité, chacun, selon ses revenus, peut réduire l'addition. Non seulement en profitant des outils de défiscalisation indiqués dans ce livre mais aussi en utilisant des astuces peu connues. Que nous le voulions ou non, nous payons un impôt sur l'ignorance.

J'ai écouté les contribuables, recensé les cas dans lesquels, souvent les plus modestes, payaient plus d'impôts qu'ils n'en devaient. Pour avoir ignoré un article du code, une jurisprudence. La justice, c'est lorsque chacun a accès au droit, fortunés bardés de conseils, comme tout un chacun.

C'est pourquoi de tout cœur je souhaite que cet ouvrage fruit de quarante années au service de l'impôt et du contribuable, surtout en cette période où le pouvoir d'achat est en berne, aide chaque contribuable, ses parents, ses amis à payer moins d'impôts. Ou du moins à ne pas en payer plus qu'il ne le doit.

J'ai pisté toutes les astuces légales pour payer moins d'impôts en toutes situations, bien au-delà de la déclaration de revenus.

Payer moins d'impôts, c'est possible, en remplissant sa déclaration de revenus, en vérifiant son avis d'imposition, en sollicitant la bienveillance du fisc, en réclamant pour faire annuler un redressement, en faisant les bons choix, en connaissant toutes les parades.

Mes plus belles récompenses, cette grand-mère vivant seule et à laquelle une amie avait offert *Payer moins d'impôts pour les nuls*. Elle a pu obtenir le remboursement de sa taxe d'habitation payée à tort, alors qu'elle en était exonérée vu ses modestes revenus, et s'offrir ainsi un téléviseur tombé en panne qu'elle n'avait pas les moyens de remplacer. Et puis, il y a ce vieux monsieur auquel on réclamait la taxe d'habitation de sa concubine décédée. Sa fille avait appris en lisant l'ouvrage qu'il n'était pas solidaire des impôts de sa concubine. Elle a pu faire une réclamation pour son père et obtenir gain de cause. Sans oublier ce chef d'entreprise qui a pu faire annuler les redressements suite à un contrôle fiscal, grâce aux conseils donnés dans l'ouvrage. Je souhaite du fond du cœur que ce livre soit utile, à vous, à vos parents, vos amis.

Même si aujourd'hui vous n'êtes intéressé que par certaines questions, lisez tous les chapitres, ainsi vous pourrez avoir le bon réflexe au bon moment. Et surtout éviter les pièges du Code général des impôts et connaître toutes les parades. Nul ne peut savoir ce que sera demain, dans la vie comme pour ce qui est de la fiscalité. Je pense à l'exemple de ce fonctionnaire qui, à l'occasion d'une dédicace, me dit avec un sourire aux coins des lèvres, « de toutes façons moi je ne risque rien je n'ai que mon salaire ». Huit jours après, il me téléphonait affolé, il venait d'hériter d'un studio délabré d'un parent, le fisc avait évalué le bien à un montant qui lui paraissait irréaliste. Il est allé voir comment s'en sortir à la rubrique consacrée à ce type de situation.

Il y a fort à parier que vous amortirez largement le prix de cet ouvrage...

À propos de ce livre

L'objectif de cet ouvrage est de vous informer sur la fiscalité et, partant, sur les moyens de la réduire.

Lorsque survient un problème, nous nous informons, mais souvent trop tard. En matière fiscale, il faut écouter l'adage « mieux vaut prévenir que guérir ». Cet ouvrage attire votre attention sur des décisions à prendre aujourd'hui pour être tranquille demain. Prenons un exemple. Si vous négligez de faire enregistrer au service des impôts un prêt accordé à un ami, vous risquez d'être taxé à l'impôt sur le revenu sur les sommes qui vous sont remboursées. Le comble !

On nous a habitués à aborder la fiscalité sous son aspect répressif. Or, le droit n'est pas fait pour étouffer l'homme mais pour le libérer. L'aspect positif du code qui réserve de bonnes surprises a été ici privilégié. De nombreuses dispositions utiles en toutes occasions ont été exhumées. Elles avaient été occultées. Allez savoir pourquoi…

Au diable l'hermétisme ! Un langage simple, une anecdote, un témoignage sont les meilleurs guides. Dans cet esprit, ce livre vous apporte les réponses aux questions les plus courantes mais aussi les plus pointues sans jamais abuser du jargon fiscal, ô combien rébarbatif.

Des anecdotes vous feront découvrir des aspects méconnus de la législation. Savez-vous par exemple que, grâce à Coluche, vous bénéficiez d'une réduction d'impôt de 75 % sur les dons consentis aux associations d'aide aux personnes en difficulté ? C'est le célèbre « amendement Coluche » voté en 1988.

Qui sait si un jour, au détour d'une loi de finances, l'acquisition de cet ouvrage ne donnera pas droit à quelque réduction ou crédit d'impôt ? S'informer sur l'impôt n'est-il pas une nécessité citoyenne ?

Les conventions utilisées dans ce livre

Ce livre n'utilise pas beaucoup de termes ésotériques, bizarres ou inhabituels. Mais la fiscalité utilise un vocabulaire qui lui est propre et qu'il faut connaître. La plupart de ces mots sont repris et définis dans le glossaire qui se trouve en annexe.

Comment ce livre est organisé

Ce livre est découpé en six parties (plus les annexes). La famille, les enfants occupent bien sûr la première partie. Vous pourrez, en vous informant, réduire votre addition. Vous aurez la réponse aux questions qui vous tracassent. Par exemple, faut-il ou non rattacher un enfant majeur au foyer fiscal ? Vous avez là tous les éléments pour faire le meilleur choix. La vie est longue et il faut parfois s'entraider en famille, heureusement, le fisc nous donne un coup de pouce. Et il y a aussi les coups durs de la vie (décès, divorce, licenciement) qui arrivent sans crier gare. Encore faut-il savoir que faire au mieux de ses intérêts fiscaux. La deuxième partie nous invite à un voyage au pays des merveilles avec les réductions, crédits d'impôt et autres avantages au quotidien. Les revenus du travail ne sont pas oubliés, vous verrez que, même salarié, il est possible de réduire l'addition. Et comme il faut épargner l'argent durement gagné, vous utiliserez les bons plans de la troisième partie. Si ces conseils, trucs et astuces légales ne vous suffisent pas, vous pourrez toujours penser (ou rêver) à l'exil. Mais ne partez pas sur un coup de tête, lisez les conseils de la quatrième partie. Quant au contrôle fiscal, il arrive sans crier gare. La cinquième partie vous guide pour gérer cette situation. Vous retrouverez enfin la traditionnelle « Partie des dix ».

Première partie : Votre foyer fiscal, toutes les astuces !

J'ai pisté depuis de longues années les astuces légales pour vous aider à payer moins d'impôts même si vous n'avez jamais lu le Code général des impôts. Pour que vous soyez informé au même titre que les contribuables qui ont les moyens de se renseigner. Tous les contribuables, modestes ou fortunés ont les mêmes droits. C'est pourquoi vous trouverez dans cette partie une mine d'astuces pour réduire la note. Par exemple, vous saurez dans quel cas vous avez fiscalement intérêt à vous pacser ou vous marier. Et ce n'est pas un conseiller conjugal qui vous le dit mais un fiscaliste.

Deuxième partie : Voyage au pays des merveilles : Une mine d'avantages pour chaque situation

Ce qui nous intéresse, c'est la fiscalité au quotidien. Vous pouvez profiter d'un avantage fiscal pour la garde de vos enfants ou pour des services courants pour lesquels vous avez fait appel à un salarié à domicile. L'équipement de votre habitation en biens de développements durables allie l'utile à l'agréable avec un cadeau fiscal. Bref, vous ne laisserez rien passer. Et même vos salaires du travail peuvent être bonifiés.

Troisième partie : Mettre son patrimoine à l'abri du fisc

Que vous payiez l'ISF ou que vous ayez de petites économies, cette partie vous concerne.

Les impôts qui frappent le patrimoine sont lourds et complexes : impôt sur les plus-values, impôt sur les revenus des placements et de l'épargne, impôt sur les revenus fonciers, ISF, droits de sucession, de donation… Heureusement, dans chaque cas, il y a moyen de réduire l'addition, voire de ne rien payer du tout.

Comment déclarer les revenus d'une location ? Comment gommer la plus-value sur la vente d'un bien ? Comment évaluer un bien ? Autant de questions qui trouveront leurs réponses dans cette partie.

L'immobilier est la voie royale pour défiscaliser, les bons plans n'auront plus de secrets pour vous. Mais peut-être choisirez-vous, à l'instar de nos plus grandes stars, l'exil sous des cieux plus « Léman »…

Quatrième partie : Suisse qui peut ! L'exil fiscal

Partir c'est mourir un peu. Et pourtant, il y en a qui sont partis... et ne sont pas près de revenir. On pourrait débattre longtemps sur le sujet au regard de la morale. Mais il n'empêche que si vous décidez de franchir le pas, sachez où vous mettez les pieds. Et surtout respectez les conditions pour ne pas être rattrapé par le fisc qui se méfie des fausses domiciliations. Enfin, si vous venez travailler en France, soyez le bienvenu. L'impôt vous fait un pont en or.

Cinquième partie : Contrôles, litiges : réduire l'addition !

Vous déclarez, le fisc vérifie. C'est le fameux contrôle fiscal dont tout le monde parle et dont on ne sait finalement pas grand-chose, si ce n'est qu'il se termine généralement par un redressement. Pour s'en sortir, la lecture du marc de café peut s'avérer insuffisante et les conseils d'un homme de terrain spécialiste des contrôles fiscaux ne seront pas de trop.

Sixième partie : La partie des Dix

Belote, rebelote et dix de der. Cette partie vous indique la marche à suivre pour mettre tous les atouts de votre côté.

D'abord, méfiez-vous des idées reçues. « Qui paie ses dettes s'enrichit. » Ce dicton peut vous valoir quelques millions ! Un exemple : vous devez un impôt qui vous a été réclamé il y aura quatre ans à la fin de l'année. Pris de remords, vous passez le 29 décembre verser quelques euros au comptable public. C'est si peu par rapport à l'importante somme que vous lui devez... Ce geste qui vous honore est considéré comme une reconnaissance de dette. Il fera repartir un nouveau délai de quatre ans pendant lequel on vous réclamera le solde. Si vous n'aviez pas bougé, faute de poursuite à votre encontre, la dette aurait été prescrite au 31 décembre et on ne pouvait plus rien vous réclamer du tout...

Ensuite, évitez les pièges. Ce chapitre est un inventaire de mines anticontribuables dont le code des impôts est truffé.

Bien sûr, suivez le guide. La troisième partie gagnante vous révèle les clés pour réduire vos impôts en toute occasion. Elle fera de vous un as de l'optimisation fiscale.

Enfin, vous découvrez les réponses aux questions que vous vous poserez un jour ou l'autre et les montants des seuils cités dans l'ouvrage pour bénéficier d'avantages fiscaux, complétés d'un index pour vous permettre d'accéder à l'information recherchée sans perdre de temps.

Annexe : Les mots pour le dire

Lorsqu'on parle d'assiette de l'impôt, ne pensez pas vous régaler aux frais de l'État. Inutile d'engager une action pénale pour la *valeur vénale*, votre réputation n'est pas en jeu. Quant à la *remise gracieuse*, ne croyez pas qu'il suffit de déléguer votre charmante épouse pour obtenir gain de cause. Parce que les missives de l'administration fiscale peuvent vous mener tout droit chez un traducteur, chez l'ophtalmo ou aux urgences psychiatriques, un glossaire décrypte pour vous le jargon administratif. Il traduit de nombreux termes en langage simple.

Les icônes utilisées dans ce livre

Vous trouverez des icônes un peu partout dans les marges du livre. Elles vous aideront à franchir les parties qui pourraient vous effrayer ou vous rendre perplexe, tout en égayant un peu le paysage. En voici la liste.

La fiscalité est faite de grandes lignes mais ce sont les détails souvent méconnus, sortis de derrière les fagots, qui coûtent cher. Cette icône signale les pièges à éviter.

Payer moins d'impôt requiert des réflexes. Pour vous aider à faire le meilleur choix, à prendre la meilleure décision en connaissance de cause, à prendre toutes les précautions pour éviter les mauvaises surprises.

La loi évolue chaque année, notamment avec la loi de finances. Cette icône attire votre attention sur les nouvelles dispositions. Soyez au top des avantages fiscaux !

Des chemins détournés (mais légaux) ou des raccourcis vous conduiront plus rapidement vers votre but. Cette icône vous aide à tirer votre épingle du jeu et à payer moins d'impôt en toutes circonstances.

Première partie

Votre foyer fiscal : toutes les astuces !

Dans cette partie...

Le foyer fiscal, concerne aussi bien la personne vivant seule que le couple. Quelle que soit votre situation, vous avez une préoccupation commune : réduire l'impôt. Vous trouverez quelques pépites fiscales.

Lorsqu'il faut aider un membre de sa famille, sachez profiter des coups de pouce du fisc mais aussi connaissez les précautions à prendre.

Enfin, les coups durs de la vie arrivent sans crier gare. Qu'il s'agisse d'un décès, d'un licenciement, il est préférable de savoir ce que vous devez faire au mieux de vos intérêts.

Chapitre 1

Vous vivez seul(e) : tirez votre épingle du jeu

Dans ce chapitre :

- Vivre seul sans personne à charge
- Le cas des parents isolés
- Les astuces pour réduire l'addition
- Transmettre sans impôts

Il vaut mieux vivre seul que mal accompagné. Mais une chose est sûre, vous êtes toujours accompagné par un ami fidèle : le fisc. Il pense souvent à vous et même plus que vous ne le souhaitez. Il ne vous épargne pas. Au contraire.

Vous êtes seul(e) sans personne à charge

Même seul, vous êtes un foyer fiscal, que vous soyez célibataire, veuf ou divorcé.

Si vous êtes seul, sans personne à charge, vous avez droit à une part.

Il est faux de penser que vous êtes plus « matraqué » qu'un couple qui gagnerait deux fois plus que vous. Encore une idée reçue...

Parent isolé

Vous vivez seul(e), avec des enfants à charge

Si vous avez :

- un enfant à charge, vous avez 2 parts ;
- deux enfants, vous avez deux parts et demie ;
- trois enfants, vous avez trois parts et demie ;
- quatre enfants, vous avez quatre parts et demie, etc.

Parent isolé, vous bénéficiez d'une part pour le premier enfant à charge. Un « bonus » d'une demi-part supplémentaire auquel vous avez droit mais qui n'est pas automatique. Et, il serait dommage de ne pas en profiter, faute tout simplement d'avoir omis de cocher la bonne case de la déclaration : la case « parent isolé ».

En cas de changement de situation familiale dans l'année (mariage, Pacs, séparation, divorce, dissolution du Pacs), la situation de parent isolé s'apprécie au 31 décembre. Ainsi, si vous avez divorcé le 30 mai, l'enfant à votre charge vous donne droit à la demi-part supplémentaire. Car au 31 décembre, vous êtes « parent isolé ».

Vous vivez seul(e) mais vous avez élevé un enfant

Célibataire, veuf ou divorcé, vous vivez seul, sans personnes à charge. À condition d'avoir supporté la charge d'un enfant pendant au moins cinq ans alors que vous viviez seul(e), vous avez droit à une demi-part supplémentaire. Là encore, cochez la case correspondante.

Pensez à réduire l'addition

Bien sûr, vous pourrez penser à vous constituer un complément de retraite surtout si vous avez des revenus élevés. La location meublée professionnelle est aussi indiquée pour défiscaliser. Pensez peut-être aussi à vous pacser pour réduire la note, si l'une des personnes a un revenu différent de l'autre. Rendez-vous au chapitre suivant pour choisir entre le mariage, le Pacs, le concubinage au mieux de vos intérêts.

Transmettre sans impôts !

La transmission à un neveu ou une nièce est fortement taxée. Pensez à l'assurance vie pour réduire considérablement la taxation. Pensez aussi à leur faire des « présents d'usage » sans droits à l'occasion d'un anniversaire, d'un Noël. Enfin, si vous leur faites un don, pensez à leur payer les droits de donation pour diminuer l'addition.

Chapitre 2

Vous vivez en couple : pour le meilleur, pas pour le fisc

Dans ce chapitre :

- Mariés ou pacsés : unis devant le fisc
- Pacsés, concubins : le meilleur choix ?

Le mariage se porte bien. Le fisc aussi d'ailleurs... Son sort est en effet scellé à celui de la famille. Comme celui des partenaires d'un Pacs fiscalement assimilés aux époux. La naissance d'un enfant, sa majorité permettent de réduire l'impôt. Vous trouverez tous les conseils pour faire le meilleur choix. Quel est le meilleur statut pour vous, mariage, Pacs, concubinage ? Visite guidée.

Mariés ou pacsés : unis devant le fisc...

Les époux comme les partenaires d'un Pacs ne « font qu'un » devant les impôts, comme d'ailleurs devant les coups durs... Ils rédigent une seule déclaration pour le foyer fiscal et sont solidaires du paiement de l'impôt qui peut être réclamé à un seul d'entre eux.

Faut-il se marier ou se pacser pour payer moins d'impôts ?

Comme par hasard, chaque année lorsque vous recevez l'avis d'imposition, devant la note à payer, vous envisagez de vous marier ou de vous pacser. Et puis le temps passe... Il est maintenant temps de vous intéresser sérieusement à la question.

Se marier ou se pacser donne droit à deux parts et il y a lieu de souscrire une seule déclaration de revenus mentionnant l'ensemble des revenus du couple.

Si vous avez des revenus identiques, vous n'avez aucun intérêt fiscal à vous marier ou à vous pacser.

TRUC

Si vos revenus sont différents. Par exemple si un seul membre du couple ou partenaire du Pacs ne travaille pas, ou si l'un des deux à des revenus largement supérieurs à l'autre, alors le mariage ou le Pacs est intéressant.

TRUC

Pour savoir si vous avez intérêt à vous marier ou à vous pacser, allez sur le site www.impots.gouv.fr, et faites une simulation pour connaître l'impôt que vous auriez à payer en fonction de votre choix.

L'année du mariage ou du Pacs

Si les époux où les partenaires d'un Pacs doivent souscrire une déclaration commune l'année du mariage ou du Pacs, ils peuvent toutefois opter pour l'imposition distincte de leurs revenus. Chacun souscrit alors une déclaration en mentionnant ses revenus de l'année entière.

L'année du mariage ou de la conclusion d'un Pacs, la situation de parent isolé permettant de bénéficier de la demi-part supplémentaire pour le premier enfant à charge s'apprécie au 31 décembre de l'année d'imposition. Si, donc, vous viviez seul(e) au début de l'année, vous perdez la demi-part dès l'année du Pacs ou du mariage.

TRUC

Faites une simulation pour savoir si vous avez intérêt à remplir deux déclarations distinctes ou une déclaration commune. Peut-être aurez-vous la surprise de faire une belle économie !

Séparation divorce

L'année du divorce, de la séparation ou de la rupture du Pacs, chaque époux ou partenaire d'un Pacs fait l'objet d'une imposition distincte sur les revenus de l'année entière. Deux déclarations sont donc remplies. Allez au chapitre « Les coups durs de la vie » concernant la situation fiscale des enfants.

Pour le meilleur et pour le fisc

Les impôts réservent bien des surprises… et pas toujours les plus agréables.

La solidarité fiscale

Une solidarité légale joue entre chacun des époux et partenaires d'un Pacs pour le paiement de l'impôt : l'intégralité de la taxe d'habitation, de l'ISF, de l'impôt sur le revenu peut être réclamée à l'un des conjoints en cas de défaut de paiement. Quel que soit le régime matrimonial et même après le divorce, la solidarité s'applique pour les impositions communes restant à payer. Pratique pour le fisc, la solidarité peut se révéler une véritable bombe à retardement.

Les enfants à charge

L'impôt sur le revenu est établi compte tenu de l'ensemble des revenus du foyer fiscal : vos revenus ; ceux de votre conjoint ou partenaires d'un Pacs ; ceux de vos enfants à charge ; ceux des personnes à charge autres que vos enfants. Si les enfants mineurs sont automatiquement à la charge du foyer fiscal, les enfants majeurs ne sont comptés à charge que s'ils le demandent.

Le quotient familial

Après la Seconde Guerre mondiale, il fallait booster la natalité. La loi du 31 décembre 1945 crée le fameux quotient familial. Partant du principe qu'il n'est pas juste qu'un foyer aisé avec trois enfants paie le même impôt qu'un foyer modeste avec le même nombre d'enfants, on a imaginé de calculer l'impôt en trois temps. Le revenu du foyer est d'abord divisé par le nombre de parts attribuées en fonction des personnes à charge. Ensuite, le montant ainsi obtenu est taxé au barème progressif de l'impôt. Enfin, le montant de l'impôt est obtenu en multipliant le résultat obtenu par le nombre de parts. Cette technique réduit la progressivité de l'imposition. Un inconvénient toutefois : les gros revenus sont favorisés. Il faut attendre 1987 pour que le quotient familial soit plafonné pour les hauts revenus.

Vérifiez que l'abattement pour enfants à charge a bien été pris en compte sur l'avis d'imposition à la taxe d'habitation. Il est de 10 % de la valeur locative moyenne de la commune pour les deux premières personnes à charge et de 15 % à partir de la troisième. Si il a été oublié, faites une réclamation.

Votre enfant est mineur

Vos enfants mineurs, âgés de moins de 18 ans au 1er janvier de l'année d'imposition, sont rattachés automatiquement à votre déclaration. Qu'ils soient légitimes, adoptifs ou naturels.

Vous pouvez avoir intérêt à ce que votre enfant mineur fasse l'objet d'une imposition séparée s'il a des revenus personnels (héritage d'un capital productif d'intérêts, par exemple). Joignez alors une demande à votre déclaration. Pour voir si vous avez intérêt à faire ce choix, comparez, d'un côté, l'impôt qui serait dû compte tenu de vos revenus, de ceux de votre enfant et du nombre de parts que vous avez en le comptant à charge, avec, de l'autre côté, le montant de votre impôt, sans compter votre enfant et ses propres revenus. Mais avant de faire votre choix, n'oubliez pas que vous perdrez la demi-part supplémentaire (ou la part entière au-delà de deux enfants) ainsi que l'abattement sur la taxe d'habitation de votre résidence principale.

Vérifiez que l'abattement pour enfants à charge a bien été pris en compte sur l'avis d'imposition à la taxe d'habitation. Il est de 10 % de la valeur locative moyenne de la commune pour les deux premières personnes à charge et de 15 % à partir de la troisième. Si il a été oublié, faites une réclamation.

Faites un bébé en décembre

Né en décembre, le petit chérubin vous donne droit, en plus du congé parental, à une demi-part supplémentaire (ou une part à partir du troisième) pour l'année entière alors qu'il ne vous a rien coûté… L'optimisation fiscale commence au berceau ! C'est en effet la situation au 1er janvier de l'année d'imposition qui est prise en compte pour déterminer les personnes à charge, mais en cas d'augmentation des charges de famille en cours d'année, on retient la situation au 31 décembre.

L'enfant infirme (c'cst-à-dire hors d'état de subvenir à ses besoins, titulaire ou non de la carte d'invalidité) est considéré à charge, quel que soit son âge, sans qu'il y ait lieu de formuler une demande de rattachement. L'enfant infirme ouvre droit à une demi-part supplémentaire s'il est titulaire de la carte d'invalidité (art. 173 du code de la famille et de la Sécurité sociale).

Il est admis qu'un enfant né en cours d'année mais décédé avant la fin de l'année est compté à charge, dès lors que sa naissance a été enregistrée à l'état civil.

Votre enfant est majeur

Difficile de couper le cordon ombilical et de voir son « petit » devenu majeur… Vous aurez encore un coup au cœur en recevant votre avis d'imposition : l'impôt a fait un bond. Ne cherchez pas, vous perdez la demi-part à laquelle vous vous étiez habitué. Sauf si votre enfant demande son rattachement fiscal. Mais pour optimiser votre impôt, le rattachement est-il toujours intéressant ?

Il demande son rattachement…

Votre enfant, dès lors qu'il a plus de 18 ans, est imposé séparément et ne fait plus partie de votre foyer fiscal. Cependant, il peut demander son rattachement à votre foyer fiscal, qu'il habite ou non chez vous, s'il est âgé :

- De moins de 21 ans au 1er janvier de l'année d'imposition.
- Ou de moins de 25 ans, s'il poursuit ses études (si, poursuivant de longues études, il est âgé de plus de 25 ans au 1er janvier, il ne peut plus opter pour le rattachement).

C'est votre enfant qui doit faire sa demande de rattachement. Vous devez la conserver pour la présenter si l'administration vous la réclame. S'il a perçu des revenus, vous devez les déclarer avec les vôtres (sauf cas d'exonération), mais il entrera en compte pour la détermination de votre quotient familial. L'option est valable pour une seule année.

Un enfant majeur vivant à l'étranger peut demander son rattachement au foyer fiscal de ses parents, à condition que la convention fiscale avec ce pays ne s'y oppose pas.

Si vous avez plusieurs enfants majeurs, vous pouvez choisir le rattachement pour l'un et la déduction de la pension alimentaire pour l'autre.

Modèle 2-1 : Demande de rattachement d'un enfant majeur.

> *Je soussigné (nom, prénom, adresse, date et lieu de naissance) demande mon rattachement au foyer de mes parents pour le calcul de l'impôt sur le revenu de l'année….*
>
> *Mes parents (noms) sont domiciliés à (adresse des parents).*
>
> *Date*
>
> *Signature*

Cette demande de rattachement n'est pas à joindre à la déclaration. Conservez-la, l'administration pourra vous la demander par la suite.

N'OUBLIEZ PAS !

L'année de ses 18 ans, trois options sont possibles :

- **Votre enfant demande son rattachement pour la période postérieure à sa majorité :** vous déclarez ses revenus avec ceux du foyer pour l'année entière, vous bénéficiez du quotient familial (une demi-part ou une part à partir du troisième enfant) mais vous ne pouvez pas déduire de pension alimentaire.
- **Votre enfant est à votre charge jusqu'à sa majorité et fait une déclaration distincte à compter de sa majorité :** vous déclarez ses revenus du 1er janvier jusqu'à sa majorité. De son côté, il déclare distinctement ses propres revenus perçus de sa majorité au 31 décembre. Vous ne pourrez pas déduire de pension alimentaire pour cette seconde période mais, en revanche, vous bénéficierez de la majoration du quotient pour l'année entière.
- **Votre enfant n'est pas compté à charge pour l'année entière :** vous ne déclarez pas les revenus de votre enfant, il les déclare distinctement. Votre quotient n'est pas majoré mais vous pouvez déduire la pension alimentaire que vous lui versez.

Rattacher ou non un enfant majeur ?

Retenez une chose pour éviter de vous prendre la tête : si votre enfant n'a aucun revenu, vous avez généralement intérêt à le rattacher à votre foyer fiscal. Mais il vaut mieux faire une simulation sur `www.impots.gouv.fr` pour voir quelle est la situation la plus avantageuse. N'oubliez pas de prendre en compte les autres avantages du rattachement (abattement de la taxe d'habitation, majoration des plafonds de dépenses pour les crédits et réductions d'impôt...).

N'OUBLIEZ PAS !

Pour vous aider à faire les simulations, utilisez la calculette disponible sur `www.impots.gouv.fr`.

Tableau 2-1 : Rattachement ou pas : comment faire le bon choix ?

	Enfant majeur rattaché au foyer fiscal	*Enfant majeur non rattaché au foyer fiscal*
Conséquences pour les parents	Ses revenus sont à déclarer avec les vôtres (sauf exonération)	Ses revenus n'ont pas à être déclarés par les parents (revenus à déclarer par l'enfant)
	Droit à 1/2 part (ou 1 part si plus de deux enfants)	Perte de la 1/2 part (ou d'1 part si plus de deux enfants)
	Les plafonds pour avantages fiscaux (crédits ou réductions d'impôt) sont majorés en fonction des enfants à charge	Les plafonds pour avantages fiscaux (crédits ou réductions d'impôt) ne sont pas majorés
	Droit à une réduction d'impôt pour l'enfant scolarisé	Perte de la réduction d'impôt pour enfant scolarisé
	Abattement de la taxe d'habitation (10 % pour les deux premières personnes à charge, 15 % pour les suivantes)	Perte de l'abattement pour la taxe d'habitation Déduction d'une pension alimentaire (si conditions réalisées)
Conséquences pour l'enfant	Pas de déclaration distincte à souscrire	Déclaration distincte avec ses propres revenus (sauf exonération)
		– La pension alimentaire des parents est à déclarer

Les jobs étudiants exonérés

Génération Tanguy ! Les enfants vivent de plus en plus longtemps chez leurs parents. Si votre enfant étudiant (études secondaires ou supérieures) a 25 ans au plus au 1er janvier de l'année d'imposition, travaille et est rattaché à votre foyer fiscal, vous n'avez pas à déclarer ses revenus dans la limite légale prévue. Il bénéficie en effet, d'une exonération d'impôt sur le revenu à concurrence de trois fois le montant du Smic mensuel. L'option pour bénéficier de l'exonération doit être faite sur la déclaration de revenus.

TRUC

En recevant votre avis d'imposition, vous vous rendez compte que, tout compte fait, vous n'avez pas fait le meilleur choix. Adressez une « demande gracieuse » au service des impôts pour obtenir le remboursement de la différence. Le mot « gracieux » vous fait sourire ? Il signifie que l'administration n'est pas obligée de vous donner satisfaction, que c'est à son bon vouloir. Cependant, dans ce cas, vous devriez obtenir satisfaction.

Nom, prénom
adresse
Téléphone

Service des impôts des particuliers
(adresse)
À (*lieu*), le (*date*)

Lettre recommandée avec accusé de réception
Objet : Impôt sur le revenu année ...

Demande gracieuse
Rattachement au foyer fiscal

Monsieur,

En recevant mon avis d'imposition de l'année ..., je m'aperçois que mon impôt a sensiblement augmenté par rapport à l'an passé.

Cette augmentation est due au fait que mon fils qui a travaillé a fait une déclaration distincte. C'est pourquoi je vous adresse par la présente la demande de rattachement de mon fils pour ladite année.

D'avance, je vous remercie de bien vouloir revoir mon imposition.

Je vous prie d'agréer, Monsieur, l'assurance de ma considération distinguée.

Signature

P. J :
- Avis d'imposition
- Demande de rattachement

Modèle 2-2 : Demande gracieuse de rattachement postérieure à la déclaration de revenus.

Il ne demande pas son rattachement

Votre enfant majeur célibataire est imposé distinctement, soit parce que tel est son choix, soit, tout simplement, parce qu'il a dépassé les limites d'âge pour pouvoir être rattaché. Mais il ne peut subvenir à ses besoins et vous l'aidez financièrement ; vous pouvez alors déduire la pension alimentaire que vous lui versez. Quand est-il considéré « dans le besoin » au regard de l'administration fiscale ? Cette notion s'analyse au cas par cas, il n'existe pas de barème, mais un enfant au chômage ou à la recherche d'un premier emploi est à l'évidence dans le besoin.

Les sommes versées pour aider votre enfant (frais d'inscription en fac, mutuelle étudiante, règlement du loyer…) peuvent être déduites de votre revenu, dans la limite maximale de 5 732 € pour l'imposition des revenus de 2015. Si les frais que vous prenez en charge dépassent cette limite, vous ne pouvez rien déduire au-delà de ce montant.

Vous hébergez votre enfant

Si vous hébergez votre enfant sous votre toit (joignez une note à la déclaration de revenus), il n'est pas facile de justifier la pension versée correspondant aux frais de logement et à la nourriture. C'est pourquoi vous pouvez, dans ce cas, déduire forfaitairement et sans justificatifs 3 407 € correspondant à ces frais. En cas d'hébergement une partie de l'année seulement, ce montant est réduit en fonction du nombre de mois pendant lesquels vous avez hébergé votre enfant. Tout mois commencé est retenu pour un mois entier. Si vous avez également pris en charge d'autres frais (soins, habillement…), vous pourrez les déduire pour leur montant réel, sans toutefois que le forfait pour l'hébergement et ces frais n'excèdent la limite de 5 732 €. Conservez bien les justificatifs.

La pension alimentaire versée à un enfant dans le besoin résidant à l'étranger est déductible à condition de répondre aux conditions posées par le code civil concernant l'obligation alimentaire. Il faut justifier que l'enfant est dans le besoin mais aussi que les dépenses ont bien été faites.

TRUC

Si vous donnez de l'argent à votre enfant, faites-lui un virement bancaire pour conserver une preuve. Si vous mettez gratuitement un studio à la disposition de votre enfant sans revenus, vous pouvez déduire au titre de la pension alimentaire un montant équivalent à la valeur locative, à concurrence de 5 732 €.

Tableau 2-2 : Comment déclarer les revenus de votre enfant célibataire

Âge	*Déclaration des revenus de l'enfant*	*Option possible*	*Conséquences de l'option pour les parents*
Moins de 18 ans	Sur votre déclaration	Imposition distincte	Perte de la demi-part (1)
Année de ses 18 ans	Sur votre déclaration du 1er janvier à ses 18 ans Sur sa déclaration personnelle de ses 18 ans au 31 décembre	Soit imposition distincte pour l'année entière Soit rattachement à votre déclaration	- Perte de la demi-part - Déduction d'une pension alimentaire - Demi-part (1) - Déclaration des revenus de l'enfant avec les vôtres
19 à 21 ans (25 ans si poursuite des études)	Sur sa déclaration	Rattachement à votre déclaration	- Demi-part (1) - Déclaration des revenus de l'enfant avec les vôtres

(1) une part à partir du 3e enfant.

Pacsés, concubins : le meilleur choix

La fiscalité des concubins. Les avantages du Pacs.

Pour organiser votre vie commune, vous hésitez : Pacs ou concubinage ? Pourtant, fiscalement parlant, « il n'y a pas photo »…

Même si le concubinage s'est envolé à partir de 1968, il a fallu attendre la loi du 15 novembre 1999 relative au Pacs pour qu'une définition du concubinage soit introduite dans le code civil, la loi a pris en compte l'évolution des mœurs. Le concubinage est une union libre, mais la liberté a un prix, elle est lourdement taxée.

Le Pacs permet à deux personnes de même sexe ou de sexe différent, qui ne désirent pas se marier, ou ne le peuvent pas, d'organiser leur vie commune en matière d'impôt, de succession, de droits sociaux. Le Pacs se rapproche peu à peu du mariage, surtout depuis la loi de réforme des successions entrée en vigueur le 1er janvier 2007. Côté fiscalité, c'est bonnet blanc et blanc bonnet. Comme les couples mariés, les partenaires d'un Pacs font une déclaration commune pour l'impôt sur le revenu et l'ISF. Ils bénéficient désormais en ce qui concerne les droits de succession des mêmes exonérations que les couples mariés et sont taxés au même tarif pour les donations.

Concubins : deux étrangers

Pour le code civil, « le concubinage est une union de fait, caractérisée par une vie commune présentant un caractère de stabilité et de continuité, entre deux personnes de sexe différent ou de même sexe qui vivent en couple ». Le fisc, lui, ignore le concubinage. La réforme fiscale qui a « oublié » les concubins creuse encore plus le fossé avec les partenaires d'un Pacs.

Impôt sur le revenu : chacun pour soi

Au regard de l'impôt sur le revenu, les concubins sont considérés fiscalement comme des étrangers.

Les concubins peuvent-ils souscrire une déclaration commune ?

Le fisc ne vous reconnaît pas les mêmes droits que les personnes mariées. Ainsi, les concubins, même notoires, sont considérés par le fisc comme deux foyers fiscaux distincts : chacun doit souscrire une déclaration de revenus.

TRUC

En vivant en union-libre, vous pourrez bénéficier deux fois de l'exonération sur la vente de la résidence principale (chaque concubin, sur l'habitation dont il est propriétaire).

Vivre en concubinage permet d'échapper à la solidarité fiscale

Contrairement aux couples mariés ou pacsés, les concubins ne sont pas solidaires des dettes contractées par le ménage. Vue sous cet angle, leur situation est plus enviable que celle des couples mariés. Chaque concubin est seul responsable des dettes qu'il contracte. Le fisc s'aligne sur le droit civil. Un concubin ne peut donc être poursuivi pour l'impôt dû par son compagnon. Mais il en va autrement pour les partenaires d'un Pacs qui, comme les couples mariés, sont responsables solidairement de l'impôt sur le revenu et de la taxe d'habitation. Si l'impôt n'a pas été acquitté, il peut être demandé à l'un des partenaires.

Qui compte à charge les enfants mineurs ?

Pour savoir par quel parent les enfants peuvent être comptés à charge, il faut distinguer les enfants communs aux concubins des enfants d'un seul concubin.

- **Les enfants communs reconnus par les deux parents peuvent être rattachés à n'importe lequel des parents (indifféremment, le père ou la mère).** La question est donc de savoir qui a intérêt à porter les enfants sur sa déclaration. Ensuite, il suffit de s'entendre. Celui qui prend l'enfant à charge aura droit à une demi-part pour les deux premiers enfants et à une part pour le troisième. L'autre concubin se déclare comme célibataire sans charge de famille, mais il peut verser une pension alimentaire déductible de ses revenus.

  Pour trouver la meilleure solution, comparez les différentes possibilités en faisant une simulation sur `www.impots.gouv.fr`.
- **Si vous avez deux enfants communs, chacun peut en déclarer un à sa charge et bénéficier d'une demi-part**. Si vous n'avez qu'un enfant, rien ne vous empêche de le déclarer à charge une année et votre concubin l'année suivante.
- **Les enfants d'un seul concubin sont à sa charge.** Il bénéficie d'une demi-part pour les deux premières personnes à charge et d'une part à partir de la troisième. En cas de garde alternée, le nombre de part est divisé par deux.

Vous vivez avec votre concubin qui gagne mieux sa vie que vous. Au moment de faire sa déclaration d'impôt, il peut déclarer votre enfant comme étant à sa charge. Choix intéressant s'il a des revenus et que vous êtes sans ressources. Mais deux conditions doivent être remplies :

- Votre enfant doit vivre sous le toit de votre concubin qui assure seul son entretien. Cette condition est généralement remplie, puisque vous vivez ensemble avec votre concubin et vos enfants.
- Vous devez être démuni de ressources ou disposer de revenus modiques. Tel est le cas si vous percevez uniquement les allocations familiales.

Frais réels : comme les couples mariés

Le couple de salariés vivant en concubinage n'est pas désavantagé par rapport aux personnes mariées. En effet, les frais de déplacements du domicile au lieu de travail sont déductibles si la distance n'excède pas 40 km. Au-delà, la déduction n'est possible qu'en cas de circonstances exceptionnelles (scolarisation des enfants, état de santé...). Les concubins, comme les couples mariés, peuvent faire état de telles circonstances. Il faut justifier du caractère stable et continu du concubinage en fournissant notamment un certificat de concubinage établi par le maire et les pièces justifiant de la vie commune (contrat de bail commun, factures EDF, téléphone...).

Taxe d'habitation : un seul

La taxe est établie au nom du titulaire du bail ou du propriétaire du logement. Cependant, les concubins peuvent demander que la taxe soit établie au nom des deux.

Pour déterminer les seuils de revenus permettant de bénéficier du dégrèvement de la taxe, il est tenu compte des revenus du concubin « hébergé » s'ils excèdent un certain seuil. Ce qui peut expliquer l'augmentation de votre TH l'année où vous vivez en concubinage.

Les développements ci-dessus concernent le seul impôt sur le revenu. Mais la situation fiscale du couple, qu'il s'agisse du mariage, du Pacs ou du concubinage s'apprécie aussi au regard de l'ISF, des droits de succession et de donation. Ces situations sont précisées dans les chapitres consacrés à ces impôts. En attendant, voici un tableau qui peut vous être utile.

Tableau 2-3 : La fiscalité selon la situation du couple

	Mariage	*Pacs*	*Concubinage*
Impôt sur le revenu	Déclaration commune*	Déclaration commune*	Déclaration distincte
Solidarité fiscale	Solidarité fiscale (IR, TH, ISF)	Solidarité fiscale (IR, TH, ISF)	Pas de solidarité fiscale
ISF	Déclaration commune	Déclaration commune	Déclaration commune si concubinage notoire
Droits du survivant	1/4 en pleine propriété de la succession ou l'usufruit des biens	Pas de droit dans la succession (donation ou testament)	Pas de droit dans la succession (donation ou testament)

Tableau 2-3 : La fiscalité selon la situation du couple (suite)

	Mariage	*Pacs*	*Concubinage*
Droits de succession	Exonération	Exonération	Abattement de 1 594 € sur la succession et taxation à 60 %
Droits de donation	Abattement de 80 724 € et taxation de 5 à 45 %	Abattement de 80 724 € et taxation de 5 à 45 %	Pas d'abattement et taxation à 60 %

*Sauf option pour déclarer séparément les revenus de l'année du mariage ou de conclusion du Pacs.

Dix conseils pour prendre les bonnes décisions

1. Ne faites pas l'autruche : le temps passe vite, le choix que vous avez fait n'est pas irréversible ; il suffit d'un éclair de lucidité pour modifier le statut fiscalement défavorable sous lequel vous vivez peut-être depuis trop longtemps.
2. Soyez responsable : pensez à l'autre lorsque vous ne serez plus là. Le concubinage n'est pas la meilleure solution fiscale.
3. Ne foncez pas tête baissée sur le mariage simplement parce que vous pensez qu'il est plus intéressant pour l'impôt sur le revenu. Cette idée n'est pas toujours exacte, loin s'en faut… Tout dépend de votre situation (revenus, enfants…). N'hésitez pas à vous faire aider pour faire le bon choix.
4. N'oubliez pas qu'en vivant en concubinage, vous n'êtes plus considéré comme un parent isolé et que vous perdez ainsi la demi-part supplémentaire pour le premier enfant à charge.
5. Vivant en concubinage, répartissez fiscalement les enfants au mieux de vos intérêts lorsque ce choix vous est donné.
6. Ne remettez pas à demain la donation que vous voulez faire à votre concubin.
7. Rappelez-vous que les concubins notoires, s'ils font une déclaration distincte pour l'impôt sur le revenu, souscrivent une déclaration commune pour l'ISF.
8. Si les partenaires d'un Pacs sont exonérés de droits de succession, ne perdez pas de vue qu'ils n'ont aucun droit sur l'héritage.
9. Pensez à souscrire une assurance vie en faveur de votre concubin.
10. Entre concubins, les droits de succession sont lourds, c'est peut-être le moment de penser au Pacs.

Chapitre 3

S'entraider en famille : les coups de pouce du fisc

Dans ce chapitre :

- Prendre un enfant par la main
- Aider ses parents ou une personne âgée
- Un coup de pouce aux petits enfants

La famille est un creuset pour préparer l'enfant à vivre demain. Il y a les bons moments et ceux plus difficiles. Il y a des circonstances où il faut être là pour donner un coup de main. Les enfants devenus grands, malgré leur volonté d'indépendance, de voler de leurs propres ailes, ont besoin de sentir qu'ils ne sont pas seuls. Ils ont plus souvent qu'on ne le pense besoin d'une aide financière. Elle peut prendre la forme d'un logement mis à la disposition de l'enfant. Même dans ce cas, il faut savoir ce que vous pouvez faire sans risquer un redressement fiscal. Il peut aussi, bien sûr, avoir besoin d'argent pour faire ses études ou tout simplement subvenir à ses besoins. L'aide des parents et même des grands-parents n'est pas de trop. La roue tourne, les parents aussi peuvent être dans le besoin. L'impôt est là pour vous donner un coup de pouce dans ces situations.

Prendre un enfant par la main

Les occasions ne manquent pas de soutenir financièrement ses enfants, qu'il s'agisse de les aider à se loger, de leur donner un coup de pouce pour les études ou de les aider à démarrer une entreprise.

Aider le jeune couple...

Quel que soit son âge, l'enfant marié ou pacsé fait l'objet d'une imposition séparée. Toutefois, il peut demander le rattachement du couple au foyer de ses parents. Vous pouvez en effet rattacher à votre foyer fiscal le ménage fondé par votre enfant si l'un des jeunes époux a moins de 21 ans (ou moins de 25 ans s'il est étudiant ou infirme). Vous aiderez les jeunes à un moment difficile et bénéficierez d'un abattement de 11 464 € pour le couple, majoré de 5 732 € pour chaque enfant du jeune ménage. Mais vous devez déclarer les revenus du couple. Le jeune couple n'aura pas de déclaration à souscrire. Pour savoir s'il est préférable ou non de rattacher le jeune couple, c'est très simple : vous avez intérêt à le rattacher à votre foyer lorsque le revenu imposable du couple est inférieur à l'abattement auquel il vous donne droit.

L'aider à se loger

Un bon moyen d'aider un enfant est de mettre un logement à sa disposition soit gratuitement, soit comme locataire. Si vous mettez un appartement gratuitement à sa disposition, vous ne percevez pas de loyer et n'avez donc pas de déclaration à faire ; en contrepartie, vous ne pouvez pas déduire les charges de vos revenus (intérêts d'emprunt, travaux...). Si vous demandez un loyer à votre enfant, il ne doit pas être anormalement faible. Ce qui ne vous interdit pas de lui consentir un tarif privilégié avec un léger rabais, car il s'agit de votre enfant.

ATTENTION !

Bien sûr, l'idée peut vous venir de déclarer un loyer fictif (pas de loyer réellement versé) pour déduire les charges, notamment si vous avez fait des travaux. Ainsi, vous dégagerez un déficit foncier imputable sur vos autres revenus fonciers et sur votre revenu. Cette « manœuvre » est à proscrire, elle peut coûter cher. Outre le rappel d'impôt à payer, vous aurez des intérêts de retard et une majoration de 40 %. Sans compter que le fisc peut requalifier les loyers non perçus en donation déguisée taxée aux droits de donation.

Vous avez parfaitement le droit d'acheter un logement avec votre enfant, c'est une façon de l'aider à acquérir un logement. Mais le fisc sera prompt à détecter, en rapprochant l'acte d'achat dans lequel figure votre enfant de sa déclaration de revenus, que ce dernier n'a pas les moyens de payer sa part. Il pourra y voir une donation déguisée. Mieux vaut donc donner de l'argent à votre enfant.

Vous louez un bien immobilier. Pensez à la donation temporaire d'usufruit. Votre enfant pourra percevoir temporairement les revenus locatifs, le temps de ses études par exemple. De votre côté, vous n'aurez pas à vous démunir du bien. Au terme prévu, l'usufruit s'éteint et vous retrouvez la pleine propriété des biens. Côté fiscalité, votre enfant bénéficiant de l'abattement en ligne directe, la donation ne donnera lieu, bien souvent, à aucun droit. Comme pour les droits de donation, vous pouvez payer la facture des droits de donation. Cerise sur le gâteau, si vous êtes soumis à l'ISF, le bien donné en usufruit ne fait pas partie de votre patrimoine.

Lui donner ou lui prêter une somme d'argent

Vous pouvez donner à chacun de vos enfants 100 000 € sans impôt : chaque enfant bénéficie en effet d'un abattement de ce montant. Avec votre conjoint, vous pouvez donc donner ensemble 200 000 € sans d'impôt. Si vous payez les droits de donation, ce paiement n'est pas considéré comme une donation et n'est donc pas taxé.

Un prêt peut aussi dépanner votre enfant. Il vaut mieux établir une reconnaissance de dette. Cette précaution permet d'éviter les litiges avec le fisc mais aussi avec la famille. Pour le fisc, ce prêt peut être consenti sans intérêts ou avec un intérêt faible. Mais il doit être enregistré, et effectivement remboursé. Enfin, l'emprunteur doit déclarer le prêt sur une déclaration n° 2062 jointe à la déclaration de revenus.

Je soussigné … (nom, prénom, adresse, date de naissance, profession) reconnais devoir à … (nom, prénom, adresse, date de naissance, profession) la somme de … euros (somme en toutes lettres et en chiffres), montant du prêt qu'il m'a consenti ce jour … (date) par chèque n° … tiré sur … (nom de la banque).

Je lui rembourserai ce prêt le … (date du remboursement), assorti d'un intérêt de … % (pourcentage) l'an.

Fait à …, le …

Lu et approuvé	*Lu et approuvé*
(Signature du prêteur)	*(Signature de l'emprunteur)*

Modèle 3-1 : Reconnaissance de dette.

Si vous décidez de ne pas demander le remboursement du prêt à votre enfant ou de lui faire cadeau de la partie restant à rembourser, l'administration considère qu'il y a alors une donation taxable.

Adopter un enfant

Les incidences fiscales d'une adoption concernent l'impôt sur le revenu et les droits de succession.

Impôt sur le revenu : l'adoption entraîne les mêmes effets que ceux qui résultent de la naissance d'un enfant légitime. Chaque enfant donne droit à une demi-part, ou une part (à partir du troisième enfant), et cela jusqu'à 18 ans ou plus s'il poursuit des études ou s'il est handicapé.

Succession : la fiscalité diffère selon la forme d'adoption. Qu'il s'agisse d'une transmission de patrimoine du vivant du donateur sous forme de donation ou lors du décès, il faut distinguer :

- **L'adoption simple** qui considère l'enfant comme un étranger dans sa famille d'adoption ; il supportera donc les droits de succession au taux de 60 %.
- **L'adoption plénière** qui donne à l'enfant adopté les mêmes avantages qu'un enfant légitime.

Les indemnités journalières versées par les organismes de Sécurité sociale pendant un congé d'adoption sont imposables comme les indemnités de maternité.

Aider ses parents ou une personne âgée

Si vous aidez vos parents ou si vous accueillez une personne âgée même sans avoir de lien de parenté avec elle, le fisc prend cette situation en compte.

Aider ses parents

Si vous accueillez vos parents ou si vous leur versez une pension alimentaire, vous pouvez bénéficier d'avantages fiscaux. Vis-à-vis des parents, les enfants ont une obligation alimentaire, tout comme d'ailleurs les ascendants envers leurs descendants. La règle de base est qu'elle soit proportionnée aux possibilités de celui qui la verse et aux besoins de celui qui la reçoit. En clair, elle ne doit pas être hors de proportion. La pension, si elle remplit ces conditions, est déductible des revenus des enfants, sans limitation de montant, qu'elle soit réglée en espèces ou en nature (règlement des frais de séjour dans un établissement spécialisé, de l'assurance contre la perte d'autonomie, de factures...). Les justificatifs des règlements (mandats postaux, relevés bancaires...) doivent être conservés.

Quand un parent est-il dans le besoin ?

La notion de besoin exigée pour déduire une pension alimentaire ne s'apprécie pas seulement en fonction de la retraite perçue par les parents mais elle prend en compte d'autres éléments et notamment de leur patrimoine. Pour pouvoir déduire l'aide que vous versez à vos parents, il faut que leurs ressources ne suffisent pas à assurer leurs besoins. Des parents qui font donation de leurs biens, ou encore qui négligent de louer un appartement inoccupé, même si leur retraite est faible, ne sont pas dans le besoin. Concernant les ressources, il a été jugé que des parents percevant deux fois le Smic n'étaient pas dans le besoin. Le meilleur moyen d'éviter les mauvaises surprises est d'interroger par écrit l'administration fiscale. Sa réponse lui est opposable : si elle a admis la déduction, à condition bien sûr que la situation n'ait pas changé, vous ne pourrez pas faire l'objet d'un redressement. Une sécurité appréciable.

Il est fréquent que les enfants hébergent les parents chez eux ; un forfait fixé chaque année est dans ce cas déductible. Mais vous pouvez aussi déduire les frais réels à condition de les justifier. En cas de mise à disposition gratuite d'un logement, il est possible de déduire une somme correspondant au loyer qu'aurait rapporté normalement la location.

Si vous réglez un salarié employé à domicile pour un ascendant, vous pouvez choisir soit de bénéficier de la réduction d'impôt de 50 % (si vos parents remplissent les conditions pour bénéficier de l'aide personnalisée d'autonomie), soit de déduire les sommes versées comme pension alimentaire. Dans la plupart des cas, la réduction d'impôt est plus intéressante.

Le bénéficiaire d'une pension alimentaire doit la déclarer. Toutefois, si vous réglez directement les frais d'hospitalisation de vos parents, ils n'ont pas à déclarer les sommes ainsi payées. Mais vous pouvez néanmoins déduire celles-ci de vos revenus.

Si vous déclarez un ascendant invalide à charge, vous ne pouvez pas, dans ce cas, déduire la pension alimentaire que vous lui versez. Mais si vous renoncez à le porter à charge, vous pourrez, à condition qu'il soit dans le besoin, déduire une pension alimentaire.

Les dépenses de nourriture et d'hébergement peuvent être évaluées sans justificatifs à 3 407 €, ou sur justificatifs pour leur montant réel. Les autres dépenses sont évaluées pour leur montant réel justifié.

Si vous êtes domicilié à l'étranger, la pension que vous versez à un parent domicilié en France n'est pas déductible de vos revenus imposables en France. En revanche, la pension que vous versez à un parent domicilié à l'étranger est déductible. Mais vous devez justifier qu'il est dans le besoin.

Tableau 3-1 : Aide aux parents et grands-parents*

VOS DÉDUCTIONS	*LES CONSÉQUENCES POUR LE PARENT*
L'ascendant ne vit pas chez vous	
Il vit à son domicile : déduction des dépenses que vous avez payées pour lui ou des sommes que vous lui avez versées.	Le parent doit déclarer la pension versée, ce qui peut parfois le rendre imposable et lui faire perdre l'exonération de la taxe foncière et de la taxe d'habitation.
Il est hospitalisé ou vit dans une maison de retraite : déduction des sommes que vous payez directement pour lui.	Il n'a pas à déclarer les sommes que vous avez versées.
Il est logé gratuitement dans un logement qui vous appartient : déduction du loyer que vous percevrez s'il était loué et des charges payées pour son compte.	Le parent doit déclarer cet avantage.
L'ascendant vit chez vous	
Il n'est pas titulaire de la carte d'invalidité : déduire un forfait de 3 407 €.	Le parent doit déclarer la pension versée, ce qui peut parfois le rendre imposable et lui faire perdre l'exonération de la taxe foncière et de la taxe d'habitation.
Il est titulaire de la carte d'invalidité : - soit le déclarer à charge ;	 vous bénéficiez d'une part de quotient familial ; vous devez déclarer ses revenus avec les vôtres.
- soit déduire un forfait de 3 407 €.	le parent doit déclarer ce montant.

* Les ascendants doivent être dans le besoin (compte tenu de leurs ressources et des aides sociales).

Accueillir une personne âgée

Si vous accueillez chez vous une personne âgée de plus de 75 ans dans le besoin, vous pouvez déduire les frais d'accueil (nourriture, logement…) de votre revenu global. Peu importe que la personne accueillie ait ou non un lien de parenté avec vous, mais vous devez l'héberger gratuitement. Ses ressources ne doivent pas dépasser le plafond pour le versement de l'allocation de solidarité aux personnes âgées (Aspa). Il faut ensuite que la personne soit hébergée en permanence sous votre toit, ce qui exclut le cas où elle est reconduite chaque soir à son domicile. Enfin, si la personne accueillie est un parent, vous ne devez avoir aucune obligation alimentaire envers elle (oncle, neveu…). La déduction des frais (nourriture, logement…) est limitée à 3 407 €.

Lorsque la personne accueillie est titulaire de la carte d'invalidité (invalidité d'au moins 80 %), vous pouvez choisir soit de déduire les frais d'accueil, soit de la considérer comme étant à votre charge ; vous aurez dans ce cas droit à une part supplémentaire.

Les frais que vous déduisez ne sont pas imposables chez la personne accueillie pour la simple raison qu'il ne s'agit pas d'une pension alimentaire mais d'une libéralité entre non-parents.

Vérifiez les avis d'imposition de vos parents !

Les parents âgés sont souvent dans l'incapacité de vérifier leur avis d'imposition. Surtout lorsque leur état de santé se dégrade. Pour autant, vous risquez de ne pas perdre votre temps en vérifiant leur avis d'imposition à l'impôt sur le revenu ou celui concernant les impôts locaux. Les personnes âgées de condition modeste sont exonérées de taxe d'habitation et de taxe foncière. Cette exonération est automatique, elle est accordée sans démarche de leur part. Pour autant, il vaut mieux vérifier.

Les personnes âgées de plus de 60 ans sont exonérées de taxe d'habitation à condition que leur *revenu fiscal de référence* (voir avis d'imposition) de l'année précédente n'excède pas un certain seuil. Pour la taxe établie en 2016, le revenu de l'année 2015 ne doit pas excéder 10 697 € pour la première part et 2 856 € pour chaque demi-part supplémentaire.

Ce n'est pas tout : les contribuables de plus de 75 ans remplissant ces mêmes conditions de revenus sont également exonérées de taxe foncière.

Des exonérations trop souvent méconnues…

Un coup de pouce aux petits-enfants

Un prêt...

Vous avez quelques économies, votre petit-fils doit se loger ou acheter une voiture et vous lui proposez de lui prêter de l'argent. Ce prêt peut être sans intérêts. Prenez la précaution de rédiger une reconnaissance de dette précisant les montants et dates du remboursement, et de l'enregistrer aux impôts. Mais ne perdez pas de vue que ce prêt doit être remboursé. À défaut, le fisc peut considérer qu'il s'agit d'une donation.

Un don...

Si vous en avez les moyens, vous pouvez aussi donner une somme d'argent à votre petit-enfant (voir chapitre 12). Là encore, ce don manuel doit être enregistré au Service des impôts pour éviter les problèmes. L'administration pourra en effet interroger votre petit-enfant ; s'il ne peut justifier l'origine des fonds ayant permis d'acquérir un bien, il risque d'être taxé d'office à l'impôt sur le revenu.

Une pension alimentaire

Autre solution : versez à votre petit-enfant une pension alimentaire déductible de vos revenus. À condition, d'une part, que les parents ne puissent venir en aide à leur enfant et, d'autre part, que l'enfant soit imposé distinctement.

Chapitre 4

Les coups durs de la vie

Dans ce chapitre :

- Le divorce
- Licenciement, chômage
- Les accidents, le handicap
- Le décès
- Les difficultés de paiement

Des événements imprévisibles nous surprennent. Même dans ces moments-là, il faut encore et toujours penser au fisc. En cas de divorce, une foule de questions se posent. Comment faire la déclaration d'impôt ? Qui a l'enfant à charge ? La prestation compensatoire est-elle imposable ? À la suite d'un licenciement, il faut savoir si l'indemnité perçue est imposable ou non. Lors d'un décès, il faut souscrire une déclaration de revenus et une déclaration de succession. À ces événements douloureux s'ajoutent des difficultés financières imprévues. Pour faire face, il est parfois nécessaire de céder des actions, de casser un PEE avant le terme ou encore d'effectuer un retrait anticipé sur une assurance vie. Heureusement, dans chaque situation, il existe des moyens pour payer moins d'impôts.

Divorce

Un tiers des mariages se soldent par un divorce. Mais, une chose est sûre, on ne divorce pas d'avec le fisc.

L'année du divorce : qui déclare quoi ?

L'année du divorce, de la séparation ou rupture du Pacs, vous êtes imposés distinctement sur l'ensemble de l'année. Chacun est imposable sur ses revenus personnels dont il a disposé pendant l'année et sur sa part des revenus communs. Deux déclarations sont donc souscrites.

L'année de la séparation, du divorce, de la dissolution du Pacs, la situation de parent isolé donnant droit à la majoration de la demi-part supplémentaire (parent vivant seul et ayant un enfant à charge ou ayant élevé pendant cinq ans alors qu'il vivait seul un ou plusieurs enfants) s'apprécie au 31 décembre de l'année d'imposition.

ATTENTION !

Chaque ex-époux est solidairement responsable de l'impôt sur le revenu et de la taxe d'habitation établis au nom du foyer pendant la période de vie commune. Même après le divorce ou la séparation, ces impôts peuvent vous être réclamés et cela quel que soit votre régime matrimonial, y compris celui de la séparation de biens. Cependant, vous pouvez faire une demande de décharge de responsabilité solidaire. Un conseil : assurez-vous que votre ex a bien payé les impôts du foyer pour éviter une « bombe à retardement ». L'année du divorce, les époux soumis à une imposition distincte, ne sont pas solidairement responsables de l'impôt sur le revenu.

Qui compte les enfants à charge ?

Le divorce pose le problème de la garde des enfants mais, lorsqu'il faut faire la déclaration d'impôts, se pose la question de savoir comment sont réparties les parts pour le calcul de l'impôt.

Les enfants mineurs

Après le divorce ou la séparation, les enfants mineurs sont à la charge du parent qui en a la garde par décision judiciaire. Le nombre de parts attribuées dépend de la garde qui vous est attribuée, alternée ou exclusive mais aussi de votre nouvelle situation, selon que vous vivez en couple (mariage, concubinage) ou isolé.

- **Garde exclusive :** l'enfant est normalement à la charge du parent qui en a la garde. Cependant, l'autre parent peut prendre l'enfant à sa charge et bénéficier de la totalité de la majoration du quotient familial, à condition de justifier qu'en réalité, il assume la charge principale de l'entretien de l'enfant.

Parent isolé : une demi-part supplémentaire

Le parent isolé ayant un enfant à charge (mineur ou majeur rattaché) a droit à une part entière pour le premier enfant à charge au lieu d'une demi-part. Il faut assumer seul la charge de l'enfant et vivre seul ou avec une personne de sa famille avec laquelle il n'est pas possible de se marier ou de se pacser. Ainsi, cohabiter avec ses parents, ses frères ou sœurs ne fait pas perdre le bénéfice de la demi-part supplémentaire. En revanche, le concubinage fait perdre cet avantage.

- **Garde alternée :** le quotient auquel les enfants donnent droit est divisé par deux. Cependant, les parents peuvent établir qu'un seul assume la charge exclusive ou principale de l'enfant. Ce parent bénéficie alors de la totalité du quotient auquel donne droit l'enfant.

Garde alternée… tout est divisé par deux

Le fisc en a tiré les conséquences… Les enfants en résidence alternée sont réputés être à la charge égale de l'un et l'autre des parents. Le quotient familial est donc partagé en deux (0,25 pour chacun des deux premiers enfants, et 0,50 à partir du troisième). Le partage du quotient familial entraîne aussi celui des avantages fiscaux (réductions d'impôt, crédits d'impôt…). Les majorations pour charge de famille concernant la taxe foncière, la taxe d'habitation, l'ISF sont également partagées entre les deux parents.

Tableau 4-1 : Divorcés : nombre de parts par enfant à charge

Enfant mineur	*Vous vivez en couple*	*Vous vivez « isolé »*
À votre charge exclusive	1/2 pour les deux premiers + 1 pour chaque enfant à partir du 3e	1 pour la première personne à charge 1/2 pour la 2e + 1 pour chaque enfant à partir du 3e
Garde alternée	1/4 pour les deux premiers 1/2 pour le 3e	1/2 par enfant

Le rattachement des enfants majeurs

En cas de divorce ou de séparation des parents, l'enfant majeur célibataire peut demander son rattachement (à condition d'avoir moins de 21 ans ou moins de 25 s'il est étudiant), selon son choix, à l'un ou à l'autre parent. Le parent auquel l'enfant est rattaché bénéficie d'une majoration du quotient familial. L'autre parent ne bénéficie d'aucune part supplémentaire mais peut déduire la pension alimentaire versée pour l'entretien de l'enfant dans la limite de 5 732 €, sur justificatifs.

Nom, prénom
Adresse
Téléphone

Service des impôts des particuliers
(adresse mentionnée sur l'avis d'imposition)

À (*lieu*), le (*date*)

Objet : Réclamation
Impôt sur le revenu … (années)

Monsieur,

Divorcé(e), père (mère) d'un enfant mineur et vivant seul(e), je bénéficie en application de l'article 194 du Code général des impôts d'une part entière pour cet enfant.

Or, mon impôt sur le revenu des années … a été calculé compte tenu d'une part et demie au lieu de deux.

C'est pourquoi je sollicite le dégrèvement correspondant pour lesdites années.

Je vous prie d'agréer, Monsieur, l'assurance que ma considération distinguée.

Signature

P. J :
Justificatifs
Avis d'imposition

Modèle 4-1 : Réclamation de la demi-part omise.

La pension alimentaire, la prestation compensatoire

Les difficultés financières surgissent souvent à la suite du divorce. Le juge accorde une pension alimentaire pour pourvoir aux besoins de l'enfant, mais il peut aussi allouer une prestation à l'un des conjoints qui voit son niveau de vie chuter.

La pension alimentaire

Les parents doivent contribuer à l'entretien de leurs enfants. Cette obligation concerne aussi bien les parents mariés que les parents divorcés. En cas de divorce ou de séparation, vous pouvez être ainsi amené à verser une pension alimentaire, même en l'absence de décision de justice, à un enfant mineur ou majeur.

- **Versée à un enfant mineur :** la pension versée pour l'entretien d'un enfant mineur non rattaché est déductible en totalité de vos revenus, à condition d'être normale. Fixée par le juge, elle est également déductible en totalité. La pension est imposable entre les mains du parent qui la reçoit (pour le montant que vous avez déduit).
- **Versée à un enfant majeur :** la pension est déductible pour le parent auquel l'enfant n'est pas rattaché. L'enfant (âgé de moins de 21 ans ou de moins de 25 ans s'il est étudiant) peut en effet demander à sa majorité à être rattaché à l'un des parents selon son choix ; l'autre parent peut déduire la pension alimentaire versée.

L'année où l'enfant devient majeur, la pension est déductible en totalité par le contribuable qui n'en avait pas la garde pour la période antérieure à la majorité. Mais pour la période à compter de sa majorité, la pension déductible est limitée à 5 732 €.

Si la pension pour l'entretien des enfants mineurs a été fixée par le juge, vous ne pouvez pas déduire une somme excédant celle fixée (cadeaux, séjours à la montagne…). Vous ne pouvez également pas déduire les frais engagés pour exercer votre droit de visite (frais d'accueil, transport…).

La pension alimentaire versée est imposable chez l'enfant qui la perçoit (mais s'il ne perçoit pas d'autres revenus, il est, par l'application du barème, non imposable). Elle est déductible des revenus du parent qui la verse mais dans la limite de 5 732 €. Seuls sont déductibles les frais réellement payés ; il faut donc conserver les justificatifs. Vous pouvez fort bien héberger votre enfant chez vous, déduire à ce titre un forfait de 3 407 € et régler d'autres dépenses (inscription à l'université...) déduites pour leur montant réel, à condition toutefois que le montant total déduit ne dépasse pas 5 732 €.

Chaque parent peut déduire une pension alimentaire

Lorsque l'enfant majeur est rattaché à un parent, celui-ci bénéficie du quotient familial ; l'autre parent peut alors déduire la pension alimentaire versée dans les mêmes limites que le couple marié. Mais lorsque l'enfant majeur n'est rattaché à aucun des deux parents divorcés, chacun des ex-époux peut déduire la pension alimentaire qu'il verse à son enfant majeur imposé distinctement. Mais comme la pension alimentaire n'est déductible qu'autant que l'enfant est dans le besoin, cela suppose que les « ex » communiquent entre eux pour savoir si les deux pensions qu'ils versent, ajoutées aux revenus éventuels de l'enfant, répondent bien à cette condition. Pas toujours facile...

Les enfants grandissent et la charge aussi. Il faut alors réajuster la pension. Fixée au départ par le juge et réévaluée par les parents, même sans « repasser » devant le juge, la pension est déductible des revenus. À condition qu'elle soit proportionnée aux besoins de celui qui la perçoit et aux possibilités de celui qui la verse.

La prestation compensatoire

La prestation compensatoire est une indemnisation destinée à compenser la disparité de niveau de vie entre les époux à la suite du divorce. Ce n'est pas une sanction et elle n'est pas attribuée en fonction de la répartition des torts. Le juge prend en compte plus particulièrement l'âge, l'état de santé, la durée du mariage, la qualification professionnelle... Le cas type est celui où l'épouse s'est arrêtée de travailler pour élever ses enfants. Elle aura du mal à retrouver du travail. Alors que l'épouse ayant eu un travail avec des revenus similaires à ceux de son époux sera dans une meilleure situation.

La prestation compensatoire est versée soit sous forme de capital, soit sous forme de rente :

- **Versement en capital :**
  - Lorsque le versement en capital (en argent ou en nature) est effectué en une seule fois ou sur une période de douze mois, le débiteur bénéficie d'une réduction d'impôt de 25 % des versements effectués dans la limite de 30 500 € (soit une réduction d'impôt maximale de 7 625 €). De son côté, le bénéficiaire de la prestation compensatoire n'est pas imposable.
  - Lorsque le capital est versé sur une période supérieure à douze mois, les sommes versées sont totalement déductibles par le débiteur. En contrepartie, le bénéficiaire doit déclarer la prestation au titre des pensions.
- **Versement en rente :** lorsque la prestation est versée sous forme de rente, elle est déductible du revenu global du débiteur et imposable chez le bénéficiaire.

N'OUBLIEZ PAS !

La réduction d'impôt de 25 % est également accordée aux conversions de rentes en capital à condition que le capital soit versé sur une période maximale de douze mois.

Tableau 4-2 : Fiscalité de la prestation compensatoire

Versement de la prestation	*Sur 12 mois au plus*	*Sur plus de 12 mois*
Débiteur	Réduction d'impôt 25 % dans la limite de 30 500 €	Déductible en totalité
Bénéficiaire	Non imposable	Imposable

Licenciement, chômage

Les indemnités ou allocations versées en cas de licenciement ou de chômage sont-elles imposables ? Certes, ce n'est pas le premier de vos soucis, mobilisé que vous êtes à gérer l'urgence. Mais pourtant, au moment de rédiger la déclaration de revenus, il faut bien savoir ce qui est ou non à déclarer.

L'indemnité de licenciement

L'indemnité de licenciement est exonérée à hauteur du plus élevé des trois montants suivants :

- L'indemnité prévue par la convention collective
- 50 % de l'indemnité de licenciement
- Deux fois la rémunération annuelle brute perçue au cours de l'année précédant celle de la rupture du contrat de travail.

Toutefois, la fraction excédant 228 240 € (pour 2015) est imposable, si l'une des deux dernières limites s'applique.

Exemple :

Vous percevez 100 000 € d'indemnité dont 60 000 € prévus par la convention.

Votre salaire de l'année précédente était de 33 000 €. Le seuil d'exonération est de 66 000 € (33 000 x 2), soit deux fois la rémunération de l'année précédente. Ce montant est retenu, car il est supérieur à la moitié de l'indemnité perçue, soit 50 000 € (100 000 x 50 %). Le montant de l'indemnité exonérée est de 66 000 €, le montant imposable est de 34 000 €.

NOUVEAUTÉ ! Les indemnités de cessation forcée des fonctions versées aux mandataires sociaux et aux dirigeants sont exonérées d'impôt sur le revenu à hauteur de trois fois le plafond annuel de la Sécurité sociale (114 120 € pour les indemnités perçues en 2015).

TRUC Pour éviter une imposition trop pénalisante par suite du versement de l'indemnité de licenciement, vous pouvez choisir d'être imposé selon le système du quotient. Un bon moyen pour atténuer la progressivité de l'impôt. Une demande doit être formulée dans la déclaration de revenus, en remplissant la rubrique prévue. Toutefois, si vous n'avez pas fait cette demande en temps voulu, faites une réclamation au service des impôts.

Le fisc compréhensif...

Licencié, vous êtes obligé, pour faire face à une situation financière délicate, de retirer de l'argent avant le terme prévu pour être exonéré d'impôt. Dans ce cas vous ne serez pas fiscalement sanctionné. Si vous avez souscrit un PEE, l'exonération est maintenue en cas de déblocage anticipé. Les sommes d'un contrat d'assurance vie peuvent être également retirées en franchise d'impôt avant le délai de huit ans. Si, à la suite d'un licenciement, vous ne pouvez respecter l'engagement pris pour bénéficier des avantages des investissements locatifs, l'avantage fiscal n'est pas remis en cause.

L'allocation chômage

Les allocations de chômage partiel ou total sont imposables comme les traitements et salaires...

ATTENTION !

Les remises accordées par les Assedic sur les prestations de chômage indûment versées sont imposables.

Les accidents, le handicap

La solidarité étant une fonction essentielle de l'impôt, il est normal qu'un accident, qu'un handicap soient pris en compte pour le calcul de l'impôt. Des abattements et des exonérations sont prévus pour l'impôt sur le revenu, la taxe d'habitation, la redevance TV.

Les accidents

Un accident, une maladie prive temporairement la victime de son revenu ; parfois celle-ci se trouve dans l'incapacité définitive de travailler. Les indemnités perçues sont-elles imposables ou non ?

Les indemnités journalières

Les indemnités journalières pour maladie versées par la Sécurité sociale, la Mutualité sociale agricole sont imposables comme des salaires. Les indemnités journalières de maternité, ou les indemnités versées pour congé d'adoption sont également imposables.

Les indemnités journalières pour accident du travail ou maladie professionnelle sont imposables à concurrence de 50 % de leur montant.

Les dommages et intérêts

Les dommages et intérêts alloués sous forme de rente par le tribunal et destinés à réparer un préjudice corporel ayant entraîné une incapacité permanente et totale de la victime l'obligeant à avoir recours à l'assistance d'une tierce personne dans sa vie quotidienne ne sont pas imposables. En revanche, les rentes à caractère indemnitaire sont à déclarer.

Le handicap

S'il est tenu compte d'un handicap pour le calcul de l'impôt sur le revenu, notamment par une majoration du quotient familial, il a fallu attendre 2005 pour que les équipements installés dans le logement d'une personne handicapée donnent droit à un avantage fiscal (voir chapitre 5).

Impôt sur le revenu

Un enfant célibataire handicapé est à la charge de ses parents quel que soit son âge, qu'il soit mineur ou majeur célibataire. Les enfants donnent droit à une demi-part supplémentaire.

Les célibataires, divorcés, ou veufs qui n'ont pas de personnes à charge ont normalement droit à une seule part. Mais ils ont droit à 1,5 part s'ils sont titulaires d'une pension pour accident du travail de 40 % au moins ou d'une pension d'invalidité.

L'allocation aux adultes handicapés, la prestation de compensation du handicap, les aides allouées par l'État, les collectivités publiques ou les établissements publics sont exonérées d'impôt sur le revenu. Mais les sommes rcçues pour un travail en atelier protégé ou dans un centre d'aide sont imposables.

Si le dénouement du contrat d'assurance vie avant huit ans résulte de l'invalidité, l'exonération d'impôt est maintenue. En cas d'invalidité du bénéficiaire, de ses enfants ou de son conjoint, le déblocage anticipé du PEE avant la période de cinq ans ne fait pas perdre le bénéfice de l'exonération d'impôt. Enfin, le non-respect de l'engagement pris pour bénéficier des avantages des investissements locatifs (Borloo, Scellier, Duflot) n'entraîne pas la remise en cause de l'avantage fiscal en cas d'invalidité du contribuable ou de son époux.

Taxe d'habitation

Sont exonérés de la taxe d'habitation les infirmes ou invalides ne pouvant subvenir à leurs besoins par leur travail, les titulaires de l'allocation aux adultes handicapés et, sous certaines conditions, les personnes qui hébergent un enfant atteint d'une telle invalidité ou infirmité ou titulaire de cette allocation.

Le décès

Tout en faisant face au douloureux événement, il faut, même dans ces circonstances, penser aux impôts et établir la déclaration annuelle de revenus mais aussi la déclaration de succession.

L'impôt sur le revenu

En cas de décès de l'un des conjoints, ou partenaire d'un Pacs, deux déclarations doivent être souscrites dans le délai normal : une déclaration commune du 1er janvier à la date du décès, puis une déclaration au nom du conjoint survivant pour la fin de l'année.

La déclaration de succession

La déclaration de succession est exposée en détail au chapitre 12.

Dans quel délai souscrire la déclaration de succession ?

Le délai pour enregistrer la déclaration est de six mois à compter du jour du décès, si la personne est décédée en France. D'une année dans tous les autres cas.

Délais de paiement, difficultés financières, demande de remise

La vie n'est pas un long fleuve tranquille et il faut parfois demander des délais de paiement. Dans certaines circonstances, il faut puiser dans ses économies…

Des délais de paiement

Il n'est pas toujours agréable d'avoir à quémander des délais, d'autant qu'ils dépendent un peu du bon vouloir du comptable public. Heureusement, la loi a prévu qu'il ne peut, dans certaines circonstances, refuser de vous accorder des délais.

Une chute des revenus…

Chômage, divorce ou autres circonstances font que vos revenus ont chuté brutalement de plus de 30 % : le Service est dans ce cas tenu de vous accorder des délais de paiement. Cette chute doit concerner les salaires, les pensions, les rentes viagères. Les revenus que vous avez perçus pendant le mois où vous effectuez la demande doivent être inférieurs de plus de 30 % à la moyenne des revenus perçus au cours des trois mois précédents. N'oubliez pas de joindre à votre demande les quatre dernières feuilles de paie et votre dernier avis d'imposition. Un échéancier étalant la dette jusqu'au 31 mars de l'année prochaine vous sera adressé.

Des difficultés pour payer

En dehors de ces cas, si vous avez des difficultés, vous pouvez faire une demande de délai de paiement au comptable public en justifiant les motifs qui sont à l'origine de vos difficultés financières (maladie, décès du conjoint…). Mais le comptable n'est pas obligé de vous l'accorder.

Nom, prénom
Adresse
Téléphone

Service des impôts des particuliers
Adresse

À (*lieu*), le (*date*)

Il ne m'est pas possible de régler mon acompte provisionnel de 1 200 €.

À la suite d'un sinistre survenu, j'ai dû engager d'importants travaux (ou maladie, décès…).

C'est pourquoi je vous demande de bien vouloir échelonner le règlement sur un an à raison de 100 € par mois.

Je vous prie de trouver mon premier règlement.

Veuillez agréer, Monsieur, l'assurance de ma considération distinguée.

Signature

P. J :
avis d'imposition

Modèle 4-2 : Difficultés financières.

Nom, prénom
Adresse
Téléphone

Monsieur le Conciliateur fiscal départemental
Adresse (figurant sur la lettre de refus du service)

À (*lieu*), le (*date*)

Objet : délais de paiement
Impôt sur le revenu (année)

Monsieur le Conciliateur fiscal,

Par lettre du ..., j'ai sollicité du service des délais de paiement pour l'impôt sur le revenu (année).

En effet, j'ai notamment dû régler les frais d'inscription de ma fille dans une école privée située à 70 km de notre domicile.

Cette circonstance inattendue a lourdement grevé mon budget.

Les délais de paiement demandés ne m'ont pas été accordés (indiquer les motifs du refus).

Je vous adresse ci-joint un relevé de mes revenus et de mes dépenses justifiant de mes difficultés financières sérieuses.

Un délai de six mois suffirait à me permettre de régler ma dette.

Aussi, je vous demande d'accéder à ma demande et me tiens à votre disposition pour tout renseignement complémentaire dont vous pourriez avoir besoin.

Vous en remerciant par avance,

Je vous prie d'agréer, Monsieur le Conciliateur, l'assurance de ma considération distinguée.

Signature

P. J :
relevé des dépenses et revenus mensuels,
pièces justificatives,
avis d'imposition,
lettre de refus du service.

Modèle 4-3 : Délais de paiements.

Le comptable public fait la sourde oreille à vos « supplications », il ne vous accorde pas de délais de paiement. Saisissez alors le conciliateur fiscal départemental. Vous pouvez le saisir, par courrier ou par courriel.

Des difficultés financières...

Aux coups durs de la vie s'ajoutent souvent des difficultés financières imprévues. À regret, il faut « casser » les économies durement mises de côté avant le terme prévu pour bénéficier d'avantages fiscaux.

Retrait avant l'échéance

Pour bénéficier de l'exonération fiscale, le plan d'épargne entreprise doit être conservé cinq ans, le Perco jusqu'à la retraite. Mais les événements de la vie ne permettent pas toujours de tenir cet engagement. Heureusement, l'exonération d'impôt est maintenue en cas de déblocage anticipé de l'épargne salariale à la suite d'un divorce, d'une séparation, du décès du bénéficiaire ou de son conjoint, d'une cessation du contrat de travail, d'une invalidité. En ce qui concerne l'assurance vie, l'exonération est maintenue en cas de licenciement ou d'invalidité.

Comme toujours, la défiscalisation immobilière est soumise à un engagement : le logement ne peut être vendu avant l'expiration du délai de location exigé. Mais lorsque surviennent certains événements, il n'est pas toujours possible de respecter cet engagement. Les trois événements pour lesquels la rupture de l'engagement n'entraîne pas la remise en cause des avantages fiscaux sont :

- **Le licenciement :** le bien peut être vendu, vous n'aurez pas de pénalités
- **L'invalidité :** la vente du logement n'est pas sanctionnée fiscalement
- **Le décès :** l'administration autorise la vente du bien sans reversement des avantages.

L'ex-époux qui reprend dans le cadre d'un investissement locatif l'engagement de location doit le préciser dans sa déclaration de revenus. À défaut, l'avantage fiscal est remis en cause.

Tableau 4-3 : Aléas de l'existence, le fisc compréhensif

Opérations	*Dérogations*
Vente de l'immobilier locatif, Duflot, Pinel	**Vendre avant le terme prévu** En cas de non-respect de l'engagement de location, le fisc redresse. Mais si la vente fait suite à une invalidité, à un décès, à un licenciement*, l'avantage fiscal n'est pas remis en cause.
Cession de parts de PME	**Céder les titres, sans taxation** Les titres doivent être conservés cinq ans. Autrement, le fisc récupère l'avantage accordé. Mais si ce délai n'est pas respecté, en cas de licenciement, de décès, d'invalidité, il n'y a pas lieu à remboursement de l'avantage.
Déblocage d'un PEE	**Déblocage anticipé** Les sommes doivent être bloquées cinq ans pour être exonérées. Mais en cas de déblocage anticipé, l'exonération est maintenue si elle résulte des événements suivants : divorce ou séparation, cessation du contrat de travail, invalidité ou décès.
Retrait assurance vie	**Retrait avant huit ans** Un retrait avant huit ans est lourdement taxé. Mais un retrait par suite d'invalidité, licenciement, liquidation judiciaire* n'est pas taxé.

* Événements survenus au bénéficiaire ou à son conjoint ou partenaire du Pacs.

Demande de remise de pénalités

En plus de l'impôt, vous devez régler les pénalités qui vous sont réclamées. Pour alléger la note, n'hésitez pas à faire, par simple lettre, une demande de remise ou de modération des pénalités. Expliquez les raisons pour lesquelles vous formulez votre demande (première infraction, difficultés financières...). N'oubliez pas de joindre votre avis d'imposition.

Impossibilité de payer : on efface tout !

Un article magique ! Si, pour des motifs graves, vous êtes dans l'impossibilité d'acquitter votre impôt sur le revenu, vous pouvez solliciter une mesure de bienveillance prévue par l'article L247 du Livre des procédures fiscales. Il faut être dans la gêne ou l'indigence. Vous pouvez formuler une demande en indiquant l'état de votre patrimoine ; l'ensemble de vos ressources, les dépenses courantes de votre famille. Il peut être utile parallèlement de solliciter un rendez-vous. Munissez-vous des papiers nécessaires.

Nom, prénom
Adresse

Services des impôts des particuliers
(*Adresse*)
À (*lieu*), le (*date*)

Lettre recommandée avec accusé de réception

Objet : Impôt sur le revenu, année...

Demande de remise, art. L. 247 du LPF

Monsieur,

Je viens vers vous car je viens de recevoir mon avis d'imposition pour l'année... pour un montant de… €.

J'ai été licenciée le… et je suis dans l'impossibilité d'acquitter l'impôt demandé.

Mère de deux enfants, je vis seule et dois faire face aux charges courantes :

– Loyer : … €
– Nourriture : … €
– Frais de scolarité : … €
– Garde de mon fils Christian : … €
– Crédit voiture : … €

Je joins à la présente tous les justificatifs des frais.

Vous comprendrez que ma situation est particulièrement délicate depuis mon licenciement. J'ai du mal à faire face.

Je ne peux donc régler l'impôt qui m'est réclamé. C'est pourquoi je sollicite la remise la plus large de l'imposition. Bien entendu, je me tiens à votre disposition pour vous rencontrer ou vous fournir tous les renseignements dont vous auriez besoin.

Espérant que vous comprendrez ma situation, je vous prie d'agréer, Monsieur, l'assurance de ma considération distinguée.

Signature

PJ : avis d'imposition, attestations d'allocations, quittance de loyer, attestation de scolarité.

Modèle 4-5 : Demande de remise gracieuse de l'impôt

Deuxième partie

Voyage au pays des merveilles : Une mine d'avantages pour chaque situation

Dans cette partie...

Dans la première partie, nous avons vu que remplir ou vérifier la déclaration de revenus n'est pas une mince affaire. C'est à partir du revenu déclaré qu'est établi l'impôt. Autant dire qu'il vaut mieux y réfléchir à deux fois. Les multiples choix offerts laissent plus d'un contribuable perplexe. Est-il plus intéressant de se marier ? Faut-il rattacher un enfant majeur au foyer fiscal ? Concubinage ou Pacs ? De quoi y perdre son latin et son impôt. Il n'est pas toujours facile de trancher. Une fois ces choix opérés, les carottes fiscales sous forme de crédit ou de réduction d'impôt permettent de réduire l'addition, ou mieux de recevoir un chèque du Trésor, avec en prime la jubilation d'avoir obtenu un rabais du fisc. De quoi faire presque aimer l'impôt…

Vous trouverez dans cette deuxième partie les cadeaux fiscaux dans les dépenses quotidiennes.

Les moyens de bonifier les salaires, la retraite.

Chapitre 5

Vie quotidienne : les carottes fiscales

Dans ce chapitre :

- Les avantages liés à la famille
- Les avantages liés à l'habitation
- Les avantages liés aux investissements
- Les avantages liés à l'écologie
- Les avantages liés aux dons, cotisations
- Les avantages liés à l'emploi

Le contribuable coche deux fois plutôt qu'une la case magique de la déclaration de revenus qui lui donne droit à une déduction. Certes, comme le disait Jean Yanne, « l'idéal, ce serait de pouvoir déduire ses impôts de ses impôts ». En attendant, même si le gain est parfois minime, obtenir un rabais du fisc réconcilie avec l'impôt. En bénéficiant d'un crédit d'impôt, il est possible d'obtenir un remboursement du Trésor. Le rêve de tout contribuable !

Certes, l'économie n'est pas la même pour un modeste contribuable qui s'excuse presque d'avoir à déduire un don versé à la Croix-Rouge, et pour un contribuable plus fortuné rompu à l'optimisation fiscale. Si vous n'avez pas les moyens d'investir dans les DOM-TOM, vous pourrez certainement bénéficier d'un avantage fiscal pour la garde de votre chérubin ou pour votre logement. Peut-être vous lancerez-vous dans l'achat d'un équipement permettant d'économiser à la fois l'énergie et l'impôt. Si l'impôt sur les portes et fenêtres a été supprimé en 1926 sous l'influence des hygiénistes, le fisc contribue aujourd'hui directement à l'écologie.

Visite guidée au pays des merveilles fiscales…

Réductions, crédits d'impôt

Les avantages accordés pour réduire l'impôt sont soit une réduction, soit une déduction, soit un crédit d'impôt. Selon l'avantage, la différence en économie d'impôt est importante :

- **Le crédit d'impôt** se déduit du montant de votre impôt sur le revenu. Si son montant est supérieur à l'impôt dû, ou si vous n'êtes pas imposable, l'État vous rembourse.
- **La réduction d'impôt** fonctionne comme le crédit, à la différence que, si la somme dépasse votre impôt, l'excédent ne vous est pas remboursé, il est perdu. La réduction ne permet pas d'agir sur le calcul de l'impôt : l'impôt calculé sur votre revenu sans tenir compte de la réduction est simplement réduit. L'économie est identique quel que soit votre taux d'imposition.
- **La déduction d'impôt** s'impute sur le montant du revenu imposable. Il diminue la base imposable soumise au barème de l'impôt. L'avantage est proportionnel à votre taux d'imposition : il est égal au montant déduit multiplié par le taux marginal de votre imposition. Vous pouvez peut-être même, grâce à votre déduction, passer à la tranche d'imposition inférieure. L'économie est d'autant plus conséquente que les revenus sont plus importants.

En ce qui concerne les déductions d'impôt, vous lirez le chapitre 9 pour connaître les déductions liées à la constitution d'une retraite (PERP, Madelin, Prefon...) et le chapitre 10 pour connaître les avantages liés à l'immobilier.

TRUC

Pour bénéficier d'une réduction ou d'un crédit d'impôts, vous devez remplir les cases correspondantes de la déclaration. Si vous ne l'avez pas fait, rien n'est perdu. Vous pourrez faire une réclamation en joignant les justificatifs.

La famille

La garde des enfants est un souci pour les parents obligés soit de faire garder leurs enfants à la maison, soit de les mettre à la crèche ou à la garderie. Quand ce ne sont pas les deux à la fois. Lorsque le chérubin grandit, ses études coûtent cher.

Pour assurer les besoins courants, les services à la personne sont une aide appréciable. À toutes ces étapes de la vie, le fisc vous accorde un avantage fiscal.

La garde de vos chérubins à l'extérieur

Si votre enfant a moins de 6 ans (au 1er janvier de l'année d'imposition), sa garde à l'extérieur du domicile (assistante maternelle agréée, crèche, garderie...) vous permet de bénéficier d'un crédit d'impôt. Son montant est égal à 50 % du montant des dépenses admises dans la limite de 2 300 € par enfant (soit une déduction maximale de 1 150 €). En résidence alternée, la limite est de 1 150 € pour chaque parent (soit une déduction maximale de 575 €).

Pour déterminer les dépenses à retenir, vous pouvez déduire, outre les frais de garde, les indemnités payées à une assistante maternelle pour couvrir les dépenses annexes (jeux, matériel d'éveil, eau, électricité...) pour un montant de 2,65 € par journée d'accueil.

Si vous justifiez à la fois de frais de garde de vos enfants à l'extérieur de chez vous et de l'emploi d'un salarié à domicile, vous pouvez cumuler les deux réductions.

Si la garde est assurée à votre domicile, les dépenses sont prises en compte dans le cadre de l'avantage fiscal, pour l'emploi d'un salarié à domicile, sans condition d'âge de l'enfant.

Frais de scolarité... Vive la rentrée !

Vous avez droit à une réduction d'impôt si vos enfants à charge poursuivent des études secondaires ou supérieures :

- 61 € par enfant au collège
- 153 € par enfant au lycée d'enseignement général et technologique ou professionnel
- 183 € par enfant dans l'enseignement supérieur

Lorsque les parents divorcés ont la garde alternée, la réduction d'impôt est divisée par deux entre chaque parent.

N'omettez pas de mentionner le nombre d'enfants concernés sur la déclaration de revenus.

Faites vous aider et gagnez 7 500 €

Les modes de vie, les changements démographiques, le chômage, tout converge pour voir exploser les « services à la personne ». Ce n'est pas étonnant qu'ils bénéficient d'avantages sociaux et fiscaux appréciables.

Ménage, garde d'enfants, jardinage : 50 % remboursés !

Les services à domicile ont le vent en poupe dans une société en manque de temps. Et pour cause, ils créent des emplois et répondent à une réelle nécessité. Signe des temps, ils doivent leur succès à l'allongement de la durée de vie mais aussi aux besoins croissants des particuliers obligés de faire appel à une nounou, à un soutien scolaire, à un informaticien... La fiscalité prend cette évolution en compte. Depuis sa création en 1992 par Martine Aubry pour lutter contre le travail au noir, la réduction d'impôt pour « emplois familiaux » n'a cessé de varier au gré des gouvernements. Son plafond a été relevé par le gouvernement Balladur, puis réduit par celui de Lionel Jospin et augmenté par celui de Jean-Pierre Raffarin. Depuis 2005, le plafond est passé de10 000 à 15 000 €. Ce bond spectaculaire s'accompagne à compter de 2007 d'une nouvelle mesure plus favorable : l'avantage fiscal est transformé pour les actifs en un crédit d'impôt (remboursable s'il excède l'impôt dû).

Du soutien scolaire au débroussaillage...

Les prestations bénéficiant d'une réduction ou d'un crédit d'impôt figurent à l'article D.7 231-1 du code du travail consultable sur le site : `www.legifrance.gouv.fr`. Il s'agit d'emplois concernant les besoins courants. Quelques exemples :

- Entretien de la maison et travaux ménagers
- Petits travaux de jardinage (taille, débroussaillage...)
- Petit bricolage
- Garde d'enfants à domicile
- Soutien scolaire à domicile, cours à domicile

- Préparation de repas à domicile
- Livraison de repas ou de courses à domicile (à condition d'être fournis avec d'autres activités effectuées à domicile)
- Assistance informatique et Internet
- Assistance aux personnes dépendantes ou handicapées (soins, promenades d'animaux domestiques…)

Le soutien scolaire doit avoir lieu à votre domicile.

Ces prestations donnent droit aux avantages fiscaux, que vous employiez directement un salarié, que vous passiez par une association, un organisme ou une entreprise déclarés.

L'emploi peut être exercé à la résidence principale comme à la résidence secondaire, dans la mesure où elles sont situées en France. Vous ne pouvez pas prétendre à un avantage pour le soutien scolaire de votre petit dernier dans votre résidence des Bahamas.

Un gain de 7 500 € !

Ces emplois permettent de bénéficier soit d'une réduction d'impôt, soit d'un crédit d'impôt. L'avantage est dans tous les cas de 50 % des dépenses retenues dans la limite d'un plafond de 12 000 €, plus 1 500 € par enfant à charge ou membre du foyer fiscal de plus de 65 ans. Toutefois, compte tenu de ces majorations, le plafond des dépenses prises en compte ne peut pas dépasser 15 000 €.

L'année où vous embauchez à titre direct pour la première fois un salarié, le plafond est relevé de 12 000 € à 15 000 € et celui de 15 000 € à 18 000 €.

Besoin de bricolage, de faire tailler les arbres, de faire tondre la pelouse… Les dépenses sont retenues dans les limites annuelles suivantes :

- Petit bricolage : 500 €.
- Assistance informatique et Internet : 3 000 €.
- Petits travaux de jardinage : 5 000 €.

Si vous employez plusieurs personnes, vous pouvez, pour le calcul de l'avantage, additionner leurs salaires.

Crédit d'impôt ou réduction d'impôt ?

Le crédit d'impôt est intéressant pour les personnes percevant de faibles revenus ou non imposables puisqu'il donne lieu à remboursement lorsqu'il excède le montant de l'impôt. Ainsi si vous avez droit à un crédit d'impôt de 2 000 € et que vous devez un impôt de 1 000 €, le Trésor vous adressera un chèque de la différence, soit 1 000 €.

La réduction d'impôt, elle, ne donne pas lieu à remboursement.

Le crédit d'impôt est accordé aux personnes célibataires, veuves ou divorcées exerçant une activité professionnelle ou inscrites comme demandeurs d'emploi. L'inscription doit être de trois mois au moins au cours de l'année du paiement des dépenses. Pour qu'il soit accordé aux personnes mariées ou pacsées, il faut que les deux membres du couple remplissent l'une ou l'autre de ces conditions.

La réduction d'impôt est accordée aux contribuables ne remplissant pas les conditions pour bénéficier du crédit d'impôt. C'est le cas des retraités et des inactifs. Elle est également accordée aux personnes qui ont supporté les dépenses à la résidence d'un ascendant remplissant les conditions pour bénéficier de l'APA.

Si vous demandez à bénéficier de la réduction d'impôt pour les rémunérations que vous avez versées à un salarié travaillant au domicile de vos ascendants, vous ne pouvez pas déduire la pension alimentaire que vous leur versez. À vous de choisir.

Dépendance

Les personnes dépendantes hébergées dans un établissement spécialisé bénéficient, quel que soit leur âge, d'une réduction d'impôt de 25 % sur les frais de dépendance et d'hébergement (logement et nourriture). Le plafond des dépenses prises en compte est de 10 000 €, soit une réduction maximale de 2 500 € (ou 5 000 € pour un couple hébergé).

N'oubliez pas de déduire des dépenses l'APA (allocation personnalisée d'autonomie) perçue.

Les personnes dépendantes qui restent à leur domicile bénéficient d'une réduction d'impôt pour l'emploi d'un salarié à domicile. Si, dans un couple, un seul époux est hébergé, la réduction d'impôt peut se cumuler avec celle prévue pour l'emploi d'un salarié à domicile.

Habitation principale

Il existe de nombreuses dépenses donnant droit à des crédits d'impôt.

Jouez la carte écolo et gagnez un crédit d'impôt

Propriétaire, locataire ou occupant à titre gratuit de votre habitation principale, profitez d'un crédit d'impôt sur les dépenses écolos.

Les dépenses d'économie d'énergie réalisées dans l'habitation principale (achevée depuis plus de deux ans) donnent droit à un crédit d'impôt pour la transition énergétique (CITE) de 30 %.

Les dépenses sont retenues dans la limite de 8 000 € pour un célibataire et 16 000 € pour un couple marié ou pacsé. Cette somme est majorée de 400 € par personne à charge. Ce plafond s'apprécie sur cinq années consécutives, comprises entre le 1er janvier 2005 et le 31 décembre 2016.

Seul donne droit au crédit d'impôt le prix des équipements et matériaux (excluant donc le coût de la main d'œuvre). Toutefois, le coût de la main d'œuvre pour la pose des matériaux d'isolation des parois opaques (toitures, planchers, etc.) est pris en compte.

La plupart des travaux doivent être réalisés par un professionnel reconnu garant de l'environnement (RGE). La visite du logement par l'entreprise réalisant ces travaux d'installation ou de pose est obligatoire préalablement au devis.

La facture doit être établie par l'entreprise qui procède à la fois à la fourniture et à l'installation des équipements, des matériaux, des appareils, ou qui à recourt à un sous-traitant pour l'installation ou la pose des équipements, matériaux ou appareils qu'elle fournit.

Les panneaux photovoltaïques seuls ne donnent pas droit au crédit d'impôt. En revanche, les équipements mixtes combinant un équipement de production d'électricité utilisant l'énergie radiative du soleil et un équipement pour le chauffage ou l'eau chaude utilisant l'énergie solaire thermique donnent droit au crédit d'impôt. Cependant, les dépenses payées ne sont retenues que dans certaines limites (limite de la surface des capteurs solaires et application à cette surface d'un plafond de dépenses).

Tableau 5-1 : Dépenses donnant droit au crédit d'impôt de 30 %

Nature des dépenses	*Dépenses payées en 2015*	*Dépenses payées en 2016*
Chaudières à condensation	oui	non (1)
Chaudières à haute performance énergétique	non	oui
Chaudières microgénération gaz	oui	oui
Matériaux d'isolation thermique des parois vitrées	oui	oui
Volets isolants et portes d'entrée	oui	oui
Matériaux d'isolation thermique des parois opaques et frais de pose	oui	oui
Appareils de régulation de chauffage Matériaux de calorifugeage	oui	oui
Équipements de production d'énergie utilisant une source d'énergie renouvelable		
– équipements de production d'électricité à partir de l'énergie éolienne	oui	non (1)
– équipements intégrant des panneaux photovoltaïques	oui (2)	oui (2)
– autres équipements	oui	oui
Pompes à chaleur (autres que air/air)	oui	oui
Pose de l'échangeur de chaleur souterrain des pompes à chaleur géothermiques	oui	oui
Équipements de raccordement à un réseau de chaleur	oui	oui
Frais de diagnostic de performance énergétique	oui	oui
Compteurs individuels pour le chauffage et l'eau chaude sanitaire	oui	oui
Système de charge pour véhicules électriques	oui	oui
Logements situés dans les DOM : équipements ou matériaux de protection des parois vitrées ou opaques contre les rayonnements solaires, optimisation de la ventilation naturelle, raccordement à un réseau de froid	oui	oui

(1) Sauf si un devis a été accepté et un acompte versé avant le 1er janvier 2016.

(2) Pour les équipements mixtes intégrant des panneaux photovoltaïques, les dépenses payées à compter du 30 septembre 2015 sont soumises à une limitation de l'avantage fiscal.

NOUVEAUTÉ ! 2016

À compter du 1er janvier 2016 :

- Les chaudières à condensation sont exclues du crédit d'impôt. En revanche, les chaudières à haute performance énergétique y donnent droit.
- Les équipements de production d'électricité à partir de l'énergie éolienne ne donnent plus droit au crédit d'impôt.
- Lorsque les travaux d'installation ou de pose exigent le respect de critères de qualification par l'entreprise qui les réalise, le crédit d'impôt est conditionné à une visite du logement par ladite entreprise préalablement à l'établissement du devis.

Les équipements en faveur de l'aide aux personnes

Les dépenses d'installation et de remplacement d'équipements spécialement conçus pour les personnes âgées ou handicapées donnent droit à un crédit d'impôt de 25 %. Le montant des dépenses donnant droit au crédit d'impôt ne peut excéder 5 000 € pour une personne seule (10 000 € pour un couple marié ou pacsé).

Ce plafond s'apprécie sur une période de cinq années consécutives entre le 1er janvier 2005 et le 31 décembre 2017.

Les investissements

Les investissements permettant de bénéficier d'un avantage fiscal ne manquent pas. Il y en a pour tous les goûts, qu'il s'agisse de financer un film, d'investir dans une forêt, dans une PME.

Une forêt pour oxygéner ses impôts

Acheter des bois et des forêts, des terrains à boiser vous permet de bénéficier d'une réduction d'impôts égale à 18 % des sommes investies, plafonnées à 5 700 € ou 11 400 € (pour un couple).

TRUC

La réduction d'impôts n'est pas le seul intérêt. Pour l'ISF, seulement 25 % de la valeur de la forêt est retenue, sous certaines conditions. Certes, ce placement n'explosera pas comme un appartement bien situé, mais il est un élément de conservation du capital.

NOUVEAUTÉ ! 2016

À compter de 2016, le crédit d'impôt de 25 % dont bénéficient les membres d'organisations de producteurs pour les travaux forestiers est étendu aux membres des groupements d'intérêt économique et environnemental forestiers (GIEEF).

Investir dans une PME

Souscription au capital d'une PME

La souscription au capital d'une PME donne droit à une réduction d'impôts égale à 18 % de l'investissement retenu dans la limite annuelle de 50 000 € pour un célibataire et de 100 000 € pour un couple marié ou pacsé.

Souscrivez des FCPI

En souscrivant un FCPI (fonds commun de placement dans l'innovation), vous pouvez diminuer vos impôts de 18 % de votre investissement plafonné à 12 000 € (24 000 € pour un couple marié ou pacsé).Vous devez conserver les titres pendant au moins cinq ans.

Les fonds d'investissement de proximité

Les fonds d'investissement de proximité (FIP) ont pour vocation de recycler les économies des ménages vers les entreprises. La souscription donne droit à une réduction d'impôt de 18 % (38 % pour les FIP spécifiques à la Corse) du montant des versements dans la limite de 12 000 € (24 000 € pour un couple marié ou pacsé). Les parts doivent êtres détenues pendant cinq ans à compter de la souscription.

NOUVEAUTÉ ! 2016

À compter du 1er janvier 2016, pour les souscriptions au capital, les PME doivent avoir moins de 7 ans. Par ailleurs, les associés ou actionnaires de la société ne peuvent pas bénéficier de l'avantage fiscal lors de souscriptions en numéraire à l'occasion d'une augmentation de capital (sauf exception).

Pour les investissements via un FCPI, les PME doivent avoir moins de 10 ans. Dans le cas des FIP, les PME doivent avoir moins de 7 ans.

Sofica : ce n'est pas du cinéma !

Ce n'est pas du cinéma : en finançant un film vous ferez des économies d'impôt… La réduction d'impôt à laquelle vous avez droit en souscrivant des parts de Sofica (société pour le financement du cinéma et de l'audiovisuel) est égale à 30 % de l'investissement. L'investissement est retenu dans la double limite de 25 % du revenu et de 18 000 €. Les parts doivent être conservées pendant cinq ans au moins. La réduction d'impôt est portée à 36 % si l'investissement est réalisé dans une société qui s'engage à réaliser au moins 10 % de ses investissements dans des sociétés de production.

Financez un film… avec en prime une réduction d'impôt !

Créées en 1985 par Jack Lang, alors ministre de la Culture, les Sofica joignent l'utile à l'agréable. En investissant dans des sociétés pour le financement de l'industrie cinématographique et audiovisuelle, vous aurez la joie de bénéficier d'une réduction d'impôt et le plaisir d'apporter votre participation au cinéma. Les Sofica ont participé au financement de gros succès comme *Le Fabuleux Destin d'Amélie Poulain, Les Bronzés 3, Camping*… Mais n'attendez pas la fin de l'année pour vous décider, les Sofica, assez rares, sont diffusées assez confidentiellement. Renseignez-vous auprès de votre banque.

ATTENTION !

L'avantage Sofica ne peut pas être cumulé avec celui de la réduction d'impôt pour souscription au capital des PME.

Les dons, les cotisations

Faire un don étant un geste généreux qui participe à la solidarité nationale, le fisc reconnaissant vous accorde une réduction d'impôt. Peut-être avez-vous cotisé à un syndicat ? N'oubliez pas de le mentionner sur votre déclaration pour bénéficier d'un crédit d'impôt.

Les dons

Vous n'avez que l'embarras du choix pour choisir le bénéficiaire du don vous donnant droit à une réduction d'impôt :

- Œuvres ou organismes d'intérêt général ayant un caractère philanthropique, éducatif, scientifique, social, humanitaire, sportif, familial, culturel, ou concourant à la mise en valeur du patrimoine artistique, à la défense de l'environnement naturel ou à la diffusion de la culture, de la langue et des connaissances scientifiques françaises.
- Établissements d'enseignement supérieur ou d'enseignement artistique, public ou privé, à but non lucratif.
- Associations cultuelles et de bienfaisance autorisées à recevoir des dons et legs.
- Organismes sans but lucratif qui procèdent à la fourniture gratuite de repas à des personnes en difficulté, qui contribuent à favoriser leur logement ou qui procèdent, à titre principal, à la fourniture gratuite de certains soins mentionnés à des personnes en difficulté.
- Associations de financement électoral ou d'un parti politique.

Si les dons aux œuvres ou organismes d'intérêt général donnent droit à une réduction d'impôt de 66 % des versements, retenus dans la limite de 20 % du revenu imposable, une réduction spécifique concerne les dons aux organismes d'aide aux personnes en difficulté (fourniture de repas, soins médicaux, logement) : elle est de 75 % des versements, plafonnés à 530 € pour les dons effectués en 2016 (529 € en 2015). L'éventuel excédent donne droit à la réduction de droit commun de 66 %.

L'amendement Coluche : merci l'artiste !

« L'administration en France, c'est très fertile ! On y plante des fonctionnaires, il y pousse des impôts. » Coluche ne manquait jamais l'occasion de tailler une salopette aux impôts mais, au final, il a eu le dernier mot. Il a laissé aux contribuables qui ont un cœur le célèbre « amendement Coluche » voté en 1988 qui accorde une réduction d'impôt aux donateurs pour la fourniture gratuite de repas aux personnes en difficulté. Cette réduction a été étendue un an plus tard à la fourniture de logements puis, quelques années après, à la fourniture gratuite de soins. Au départ, les versements étaient retenus dans la limite de 400 francs mais ce plafond a été augmenté chaque année. Aujourd'hui, les dons consentis aux associations d'aide aux personnes en difficulté bénéficient d'une réduction d'impôt égale à 75 % des versements retenus dans une limite fixée chaque année. Merci l'artiste !

Exemple :

Votre revenu imposable est de 80 000 € et vous avez fait des dons pour 8 000 €. Ce montant étant inférieur à 20 % du revenu imposable (16 000 €), les dons sont intégralement retenus et vous pourrez bénéficier d'une réduction de 5 280 € (8 000 x 66 %).

Exemple :

Vous avez perçu 50 000 € de revenus en 2015. Vous donnez 600 € à une association caritative d'aide alimentaire. Vous aurez droit à une réduction d'impôt de 397 € (529 x 75 %). Le reliquat, soit 71 €, vous donne droit à une réduction de (71 x 66 %) = 47 €. Le montant global de la réduction est de 444 €.

TRUC

Non content de donner du temps, vous faites cadeau à l'association du remboursement des frais que vous avez engagés pour elle. Le fisc estime que ce geste mérite récompense. Il vous accorde la réduction d'impôt à laquelle donnent droit les dons. Les frais doivent correspondre à la réalisation de l'objet et avoir été constatés en comptabilité. Sur la note de frais, vous indiquerez que vous abandonnez le remboursement des frais au profit de l'association en tant que don.

Les cotisations syndicales

La cotisation syndicale versée par un salarié donne droit à un crédit d'impôt égale à 66 % de la cotisation, limitée à 1 % du salaire.

Si vous avez opté pour la déclaration des frais réels, la cotisation est à comprendre dans les frais. Vous ne pouvez alors bénéficier du crédit d'impôt.

Le plafonnement des niches

Pour éviter que les plus riches cumulent avantages sur avantages, jusqu'à réduire leur impôt à néant, les avantages fiscaux sont plafonnés. D'une façon générale, les avantages plafonnés sont ceux accordés en contrepartie d'une prestation ou d'un investissement. Notamment : l'emploi d'une aide à domicile, la garde des jeunes enfants, les équipements de développement durable, la souscription au capital de PME, les parts de Sofica, le Scellier ; Duflot, Pinel, les investissements outre-mer...

Le plafond est de 10 000 €. Il est majoré de 8 000 € pour les Sofica et les investissements outre-mer.

Chapitre 6

Traitements et salaires : réduisez l'addition

Dans ce chapitre :

- Les astuces pour bonifier vos revenus
- Les indemnités pour frais
- Les prestations sociales
- Les indemnités de licenciement
- Déduisez tous les frais professionnels que vous pouvez

La catégorie des traitements et salaires est de loin la plus importante. Les sommes perçues sont en principe imposables. Mais l'on est souvent amené à s'interroger sur le caractère imposable ou non d'indemnités pour licenciement, de remboursements de frais, de primes... Enfin, les frais professionnels engagés à l'occasion de l'activité salariée sont déductibles sous certaines conditions du montant des salaires. Il s'agit alors de faire le meilleur choix entre la déduction des frais réels ou la déduction forfaitaire. Il y a bien d'autres occasions pour diminuer les rémunérations imposables.

Les astuces pour bonifier vos revenus

Il n'est déjà pas facile de gagner sa vie, il n'est donc pas question de déclarer ce qui ne doit pas l'être.

Diminuez les rémunérations imposables

Les rémunérations doivent être déclarées dans la catégorie des salaires quelle que soit la qualification donnée aux sommes versées (traitements, salaires, participations aux bénéfices, primes, gratifications, avantages en nature...).

Vous devez déclarer les arriérés de salaire, ou les avances sur salaire l'année de leur encaissement, peu importe la période à laquelle ils se rapportent.

TRUC

Vous récupérez des arriérés de salaire ; ils peuvent être considérés comme des revenus différés. Pour atténuer le montant de l'imposition, vous pouvez demander à bénéficier du système du quotient. La demande doit être faite sur la déclaration de revenus dans la case réservée à cet effet.

ATTENTION !

Votre employeur vous a versé une somme à tort. Vous devez déclarer cette somme l'année de sa perception même si vous devez rembourser cette somme l'année suivante.

La participation aux bénéfices

Le salarié peut opter entre le versement immédiat de la participation et le blocage (période d'indisponibilité). Les sommes versées immédiatement au titre de la participation sont imposables dans la catégorie des traitements et salaires. En revanche, les sommes soumises à une période de blocage sont exonérées.

TRUC

Vous avez reçu une somme au titre de l'intéressement. À condition de l'affecter dans les quinze jours de son versement à un plan d'épargne salariale (PEE), dans la limite d'un montant égal à la moitié du plafond annuel de la Sécurité sociale, la somme reçue au titre de l'intéressement est exonérée.

TRUC

Content de vos performances, votre employeur vous accorde une super prime. Ou encore, vous percevez des rappels de salaires. Réjouissez-vous ! Mais que l'impôt à payer sur ce « pactole » inattendu qui vous fait grimper dans les tranches ne vous gâche pas le plaisir. Vous pouvez demander à bénéficier du « système du quotient » pour diminuer la progressivité de l'impôt sur ces revenus exceptionnels.

L'indemnité de déménagement, de logement

L'indemnité forfaitaire versée en plus du remboursement des frais de déménagement et l'indemnité versée pour dédommager le salarié (frais d'aménagement…) sont imposables dans la mesure où il s'agit d'un complément de salaire. Il en est de même de l'indemnité de logement qui est à déclarer.

Votre patron ne peut se passer de vous. C'est le moment de lui demander de vous accorder un prêt pour acheter un logement. Les sommes qu'il vous prête ne sont pas imposables. Mais pour que le fisc ne soit pas tenté de les imposer comme un salaire, il vaut mieux rédiger un acte de prêt et le faire enregistrer au service des impôts.

Les avantages en nature

Votre employeur met à votre disposition un logement (à titre gratuit ou pour une valeur réduite) ou une voiture de fonction. Cet avantage en nature est imposable. La mise à disposition d'un logement est évaluée, soit forfaitairement, soit d'après la valeur locative servant de base à la taxe d'habitation.

Lorsque vous êtes obligé de voyager et de vous éloigner de votre famille, les « miles » (points de fidélité pour l'achat de billets d'avion) sont une compensation appréciable, d'autant que cet avantage n'est pas à déclarer.

À l'occasion d'un événement (mariage, naissance, départ à la retraite, fêtes de Noël…), vous recevez un cadeau de votre employeur. Vous n'aurez pas à le déclarer à condition que sa valeur ne dépasse pas 5 % du plafond mensuel de la Sécurité sociale par cadeau. Maintenant, si votre boss reconnaissant vous offre une voiture, vous devez la déclarer car il s'agit d'un avantage en nature. Mais ce n'est peut-être pas une raison suffisante pour refuser…

Votre employeur reste ferme sur le salaire. Proposez-lui de vous accorder des avantages en nature (ordinateur, véhicule...). Leur estimation est généralement favorable.

Voiture de fonction : une belle économie !

La voiture de fonction que l'on gare sur le parking de l'entreprise n'est pas négligeable pour le standing. Mais ce n'est pas là son seul atout. Elle peut être utilisée non-stop pour les trajets professionnels et personnels. Même si l'utilisation privée est un avantage en nature à ajouter aux revenus, la voiture de fonction est plus intéressante qu'une augmentation de salaire de même montant. En effet, l'avantage est évalué en fonction d'un forfait estimé à 6 % ou 9 % seulement du prix du véhicule, selon qu'il a plus ou moins de cinq ans. Pour un véhicule en location, l'avantage est évalué à 30 % du prix de la location annuelle. Une belle économie ! L'employeur peut aussi choisir l'évaluation d'après les dépenses réelles correspondant à l'amortissement du véhicule (20 % du prix d'achat TTC si le véhicule a moins de cinq ans, 10 % dans le cas contraire). Pour un véhicule loué, il s'agit du coût de la location, des frais d'assurance, d'entretien. L'avantage est déterminé compte tenu du rapport entre le kilométrage effectué à titre privé et le kilométrage total.

Les rémunérations exonérées

Percevoir des salaires nets d'impôt, c'est possible. Encore faut-il être jeune.

Les jeunes

Les indemnités de stage versées par les entreprises en application de conventions de stage sont exonérées d'impôt sur le revenu dans la limite du montant annuel du Smic, que le stagiaire soit ou non rattaché au foyer fiscal.

Les étudiants âgés de 25 ans au plus au 1er janvier de l'année d'imposition qui perçoivent une rémunération pour une activité exercée au cours des études secondaires ou supérieures sont exonérés d'impôt sur le revenu dans la limite de trois fois le Smic mensuel. Peu importe que l'activité soit exercée ou non pendant les vacances scolaires. Peu importe que l'étudiant soit rattaché au foyer fiscal de ses parents ou soit imposé distinctement. Toutefois, l'exonération s'applique uniquement sur option de l'intéressé.

L'exonération des indemnités de stage et celle des rémunérations pour une activité exercée au cours des études peuvent se cumuler.

Les indemnités de stage versées par les entreprises en application de conventions de stage conclues à compter du 1er septembre 2015 sont exonérées d'impôt sur le revenu dans la limite du montant annuel du Smic. Pour les conventions conclues avant le 1er septembre 2015, les indemnités sont exonérées à condition que le stage fasse partie du programme d'études, soit obligatoire et ne dépasse pas trois mois.

Les apprentis

Le salaire en apprentissage est exonéré à hauteur du montant annuel du Smic.

Remboursements de frais et indemnités forfaitaires

Un salarié perçoit parfois des allocations forfaitaires. Imposables ou pas ?

Les allocations forfaitaires que vous percevez en remboursement des frais nécessités par votre emploi sont exonérées, qu'il s'agisse d'indemnités forfaitaires ou de remboursements de frais. Pour bénéficier de l'exonération, les allocations doivent être utilisées conformément à leur objet et vous ne devez pas avoir opté pour la déduction des frais réels. En effet, si vous avez opté pour les frais réels, vous déduisez l'ensemble de vos frais professionnels et vous devez donc déclarer les allocations pour frais.

L'indemnité kilométrique qui vous est versée pour l'utilisation de votre véhicule personnel pour les déplacements professionnels est exonérée à concurrence du montant du barème kilométrique publié chaque année par l'administration.

Ne confondez pas les allocations de frais avec le remboursement des dépenses incombant à l'employeur. Vous n'avez pas à déclarer les remboursements de frais incombant à votre employeur que vous avez réglés pour son compte (petit matériel, par exemple).

Les prestations sociales

Pour l'aider à s'en sortir face aux coups durs de la vie, le salarié perçoit des aides sous forme d'allocations ou d'indemnités.

Les secours sont exonérés d'impôts

Ne tirez pas sur l'ambulance ! Les prestations suivantes sont exonérées :

- Les allocations familiales
- Les allocations pour jeune enfant
- L'allocation de soutien familial
- Le complément familial
- L'aide personnalisée au logement (APL)
- L'allocation personnalisée d'autonomie (APA)
- L'allocation aux adultes handicapés

Les allocations chômage

Chômeur, mais pas moins contribuable ! Les allocations perçues sont imposables en tant que salaires.

Même si vous êtes par la suite condamné à reverser les allocations perçues, elles sont imposables l'année de leur perception.

Les congés payés

L'indemnité de congés payés est imposable (indemnité de congés payés, indemnité compensatrice, majoration pour congés payés des ouvriers à domicile...).

Les indemnités de maladie, d'accident, de maternité

Les indemnités journalières de maladie et de maternité versées par la Sécurité sociale et la Mutualité sociale agricole sont imposables comme des salaires. Elles bénéficient de la déduction de 10 %.

Les indemnités journalières d'accident du travail sont imposables à hauteur de 50 % de leur montant.

Les indemnités pour affection de longue durée et coûteuse sont totalement exonérées.

Les indemnités de licenciement

Vous quittez votre entreprise à la suite d'un licenciement ou de votre départ en retraite. Des indemnités vous sont versées. Sont-elles ou non imposables ?

L'indemnité de licenciement

L'indemnité versée suite à un PSE est exonérée.

L'indemnité de licenciement versée en dehors d'un plan de sauvegarde de l'emploi est exonérée à hauteur du plus élevé des trois montants suivants :

- L'indemnité prévue par la convention collective
- 50 % de l'indemnité de licenciement perçue
- Deux fois la rémunération annuelle brute perçue au cours de l'année précédant celle de la rupture du contrat de travail

Toutefois, la fraction excédant 228 240 € (pour 2015) est imposable, si l'une des deux dernières limites s'applique.

Exemple :

Vous percevez 100 000 € d'indemnité dont 60 000 € prévus par la convention.

Votre salaire de l'année précédente était de 33 000 €.

Le seuil d'exonération est de 66 000 € (33 000 x 2), soit deux fois la rémunération de l'année précédente. Ce montant est retenu, car il est supérieur à la moitié de l'indemnité perçue, soit 50 000 € (100 000 x 50 %).

Le montant de l'indemnité exonéré est de 66 000 €, le montant imposable est de 34 000 €.

L'indemnité pour « rupture conventionnelle » du contrat de travail suit le même régime fiscal que l'indemnité de licenciement.

NOUVEAUTÉ !

Les indemnités de cessation forcée des fonctions versées aux mandataires sociaux et aux dirigeants sont exonérées d'impôt sur le revenu à hauteur de trois fois le plafond annuel de la Sécurité sociale (114 120 € pour 2015).

Licenciement, retraite : deux astuces pour réduire l'impôt

Lorsque vous touchez une indemnité de départ à la retraite ou une indemnité de licenciement, vous pouvez demander à bénéficier du *système du quotient* pour la fraction imposable de l'indemnité. Il permet d'atténuer la progressivité de l'impôt et donc d'éviter une taxation dans les tranches élevées de l'impôt sur le revenu. L'impôt est d'abord calculé sans tenir compte de l'indemnité ; un second calcul est ensuite effectué sur le revenu de l'année, majoré du quart de l'indemnité imposable ; la différence entre les montants d'impôt ainsi obtenue est multipliée par quatre pour obtenir l'impôt relatif à l'indemnité.

Si vous avez perçu une indemnité de départ à la retraite et si le système du quotient ne vous satisfait pas, vous pourrez opter pour celui, généralement plus favorable, de *l'étalement* par parts égales sur l'année de perception et sur les trois années suivantes. Vous éviterez une trop forte progressivité de l'impôt tout en ménageant votre trésorerie, le paiement des trois quarts de l'impôt étant différé.

L'application du système du quotient ainsi que l'étalement ne sont pas automatiques. Pour bénéficier du quotient, vous devez indiquer le montant de l'indemnité dans le cadre « revenus exceptionnels ou différés » de la déclaration de revenus, en joignant une lettre sur la nature du revenu. Pour bénéficier de l'étalement, une demande doit être formulée sur la déclaration en indiquant la nature, le montant et la répartition du revenu.

N'OUBLIEZ PAS !

Si vous saisissez les prud'hommes, les indemnités accordées sont des dommages et intérêts exonérés d'impôt sur le revenu.

Les frais professionnels : faites le bon choix !

Pour gagner vos revenus salariaux, vous supportez un certain nombre de frais. C'est pourquoi un abattement forfaitaire de 10 % est appliqué sur les salaires pour « frais professionnels ». Mais il est possible d'y renoncer et d'opter pour la déduction des frais réels.

La déduction forfaitaire de 10 %

La déduction de 10 % calculée automatiquement par l'administration couvre les dépenses professionnelles : frais de déplacement du domicile au travail, frais de repas sur le lieu de travail, frais de nourriture, frais de vêtements spécifiques à l'activité professionnelle, frais de documentation professionnelle, primes d'assurance couvrant les maladies spécifiquement professionnelles, cotisations syndicales... La déduction forfaitaire ne peut dépasser 12 170 €. Elle s'applique séparément à chaque membre du foyer, chacun des conjoints ou des personnes à charge peut donc en bénéficier. Il en est de même pour les partenaires pacsés faisant l'objet d'une imposition commune.

Vous optez pour la déduction des frais réels

Si vous estimez que les frais que vous engagez pour votre travail sont supérieurs au montant de la déduction forfaitaire, n'hésitez pas à y renoncer et à passer aux frais réels. Les frais professionnels déductibles sont ceux nécessités par l'exercice de la profession. Vaste programme ! Vous risquez fort d'être surpris en découvrant tout ce que vous pouvez déduire.

Option, mode d'emploi

Chaque membre du foyer fiscal peut choisir le système qui lui paraît le plus intéressant. L'option pour les frais réels ne vous engage que pour une année. L'année suivante vous pouvez, si bon vous semble, ne pas opter pour les frais réels. Vous bénéficiez alors de la déduction forfaitaire de 10 %.

Pour bénéficier de la déduction des frais réels, une simple lettre jointe à la déclaration des revenus suffit. Joignez un état détaillé sur une feuille libre précisant la nature et le montant de chaque catégorie de frais déduits. Vous n'avez pas à fournir les justificatifs mais l'administration peut vous les réclamer pendant trois ans. N'oubliez pas d'indiquer le montant des frais sur la déclaration des revenus dans la case prévue.

Si vous percevez un salaire dans deux entreprises distinctes, l'option pour les frais réels concerne obligatoirement les deux salaires.

Si vous optez pour la déduction des frais réels, vous devez ajouter à votre revenu imposable la totalité des allocations pour frais d'emploi (allocations en nature, indemnité forfaitaire, remboursement de frais) versées par votre employeur.

Si vous vous apercevez après avoir souscrit votre déclaration de revenus que vous avez fait le mauvais choix en optant pour les frais réels ou au contraire en n'ayant pas opté, n'hésitez pas à faire une réclamation.

Les écrivains peuvent choisir les frais réels

Si les droits d'auteur sont intégralement déclarés par des tiers (c'est notamment le cas de l'écrivain qui a un éditeur), ils sont imposables selon les règles applicables aux traitements et salaires. Autrement dit, les écrivains et compositeurs bénéficient de la déduction forfaitaire de 10 % pour frais professionnels. Les écrivains ou compositeurs qui estiment que leurs frais réels sont supérieurs à cette déduction forfaitaire peuvent opter pour la déduction des frais réels (frais de déplacement engagés directement pour les besoins de la rédaction de l'ouvrage, frais de réception directement liés à la promotion d'une œuvre...). Il n'est pas rare qu'un écrivain exerce une activité salariée. Dans ce cas, il ne peut bénéficier pour une activité de la déduction forfaitaire de 10 % et choisir pour l'autre la déduction des frais réels. Le même régime doit être adopté pour les deux activités.

Nom, prénom
Adresse
Téléphone

Service des impôts des particuliers
(adresse mentionnée sur l'avis d'imposition)

À (*lieu*), le (*date*)

Lettre recommandée avec accusé de réception

Objet : Impôt sur le revenu de … (année)
Option pour les frais réels

Monsieur,

En recevant mon avis d'imposition de l'année …, je m'aperçois que mon impôt est élevé alors que j'ai engagé d'importants frais déductibles.

C'est pourquoi je vous remercie d'accepter mon option a posteriori pour les frais réels.Je joins à la présente tous les justificatifs de frais.
Je vous remercie de bien vouloir revoir mon imposition.

Je vous prie d'agréer, Monsieur, l'assurance de ma considération distinguée.

Signature

P. J :
avis d'imposition, justificatifs de frais.

Modèle 6-1 : Option pour les frais réels après avoir reçu l'avis d'imposition.

Quand avez-vous intérêt à opter pour les frais réels ?

Remplissez ce tableau pour savoir si vous avez intérêt à opter pour les frais réels. Dans la première colonne sont mentionnées les dépenses professionnelles les plus courantes. La deuxième colonne rappelle la position de l'administration concernant les différents frais. Dans la troisième colonne, vous porterez le montant de vos dépenses. Pour les frais de repas et de transport, vous pouvez soit utiliser le barème de l'administration, ce qui est plus simple, soit retenir le montant des dépenses réelles.

Tableau 6-1 : Frais réels ou déduction forfaitaire ?

Dépenses professionnelles	*Dépenses dont la déduction est autorisée*	*Montant de vos dépenses réelles*
1. Frais de voiture		………………
• véhicule	La puissance du véhicule est	………………
Marque	acceptée sans aucune limite	………………
Puissance		………………
Prix		………………
Durée d'amortissement		………………
• Frais divers		………………
Amortissement		………………
Réparation		………………
Entretien		………………
Garde		………………
Assurance		………………
Intérêts d'emprunts		………………
Frais de garage		………………
Montant des dépenses		………………
• Trajet domicile/travail	Acceptée dans la limite de 40	………………
distance pour un trajet	km sans justification (au-delà,	………………
nombre de jours d'utilisation	justifier d'un événement excep-	………………
kilométrage annuel	tionnel : santé, scolarisation des	………………
dépenses annuelles	enfants, activité professionnelle	………………
• Déplacements professionnels	du conjoint…)	………………
Kilométrage annuel		………………
Dépense annuelle		………………
2. Frais de nourriture		………………
• Nombre de repas quotidiens		………………
• Nombre de repas annuels		………………
• Prix du repas déductible		………………
(selon barème de l'administration)		………………
• Dépense annuelle		………………
3. Locaux professionnels		………………
• Loyer et charges	Déduction possible si l'em-	………………
• Dépenses d'entretien	ployeur ne met pas de locaux	………………
• Dépenses de réparation	professionnels à votre dispo-	………………
• Gardiennage	sition	………………
• Éclairage		………………
• Chauffage		………………
• Assurances		………………

Tableau 6-1 : Frais réels ou déduction forfaitaire ? (suite)

Dépenses professionnelles	*Dépenses dont la déduction est autorisée*	*Montant de vos dépenses réelles*
4. Mobilier, matériel et outillage professionnel • Montant jusqu'à 500 € • Montant supérieur à 500 € : Amortissement		....
5. Frais de double résidence • Logement • Frais supplémentaires de repas • Intérêt acquisition logement • Frais de voyage de la famille	Exigée par l'emploi	....
6. Frais d'études • Préparation, impression, diffusion d'une thèse • Frais de voyage à l'occasion d'examens professionnels • Achat de livres		....
7. Frais de formation professionnelle • Cours • Frais de correspondance • Déplacements	Salarié en activité ou à la recherche d'un emploi Nécessités par nouvel emploi	....
8. Déménagement	Nouvelle implantation de l'entreprise	....
9. Frais de procès • Honoraires d'avocats	 Prud'homme pour le paiement de salaires	....
10. Frais de vêtements • Nature et montant	 Spécifiques à la profession	....
11. Cotisation syndicale • Montant	 Déductibles en totalité (mais pas droit au crédit d'impôt)	....
12. Caution	Payée par le dirigeant salarié pour garantir les dettes sociales	....
TOTAL FRAIS RÉELS		....

Si le total des frais réels est supérieur à la déduction forfaitaire de 10 % (salaire net X 10 %) appliquée au salaire net versé par l'employeur, vous avez intérêt à opter pour la déduction des frais réels. Cette option est annuelle, elle ne vous engage pas pour les années suivantes.

Déduisez tout ce qui peut l'être

Vous pouvez déduire tous les frais nécessités par votre activité salariée (frais de repas, de locaux...) et payés au cours de l'année. Il n'y a pas de limitation de montant. Bien sûr, ces frais doivent être justifiés.

Si vos frais sont supérieurs à vos salaires, vous ne paierez pas d'impôt. Dès lors que les frais sont déductibles, la loi n'a prévu aucune limite ! Aucun plafonnement n'est prévu. Si donc vos frais déductibles sont supérieurs aux salaires déclarés, vous dégagez un déficit. Et ce déficit peut même être imputé sur votre revenu global.

Les frais de trajet domicile/travail

40 km, pas plus !

Les frais de trajet du domicile au lieu de travail sont déductibles en totalité des salaires imposables lorsque la distance n'excède pas 40 km (soit 80 km pour un aller-retour quotidien). Cet éloignement est normal, il n'a pas à être justifié. Au-delà de 40 km, les frais ne sont pas déductibles, sauf circonstances particulières tenant à l'emploi ou à des contraintes d'ordre familial ou social.

Plus ou moins de 40 km ? L'administration sait être souple !

Peut-être n'avez-vous pas la chance de faire partie des 50 % de salariés travaillant à moins de 8 km de leur domicile. Non seulement le trajet du domicile au travail est autant de pris sur votre temps mais votre budget en prend un coup. D'autant que, au-delà de 40 km, les frais de déplacement pour se rendre du domicile au travail ne sont pas déductibles, sauf si vous avez des raisons exceptionnelles justifiant l'éloignement. Vous pouvez notamment invoquer dans une note jointe à la déclaration : l'impossibilité de trouver un emploi à proximité du domicile, la précarité de votre activité, le déménagement de l'entreprise, une promotion, la scolarisation d'un enfant, vos problèmes de santé ou ceux d'un membre de la famille, l'état de dépendance d'un parent, l'exercice d'une activité professionnelle par le conjoint, le concubin ou le partenaire d'un Pacs loin de son lieu de travail, l'exercice de fonctions électives, le coût du logement disproportionné par rapport à vos revenus dans la localité où est située l'entreprise… Sachez qu'il est recommandé aux services d'apprécier ces circonstances avec « largeur de vue ».

Si vous vivez en concubinage, vous avez les mêmes droits que les couples mariés pour la déduction des frais de transport du domicile au travail. Mais vous devrez justifier que le concubinage est stable et continu, notamment en produisant un certificat de concubinage établi par le maire, des quittances Télécom, EDF ou GDF, un document prouvant l'acquisition commune de la résidence principale, un avis d'imposition au nom des deux concubins, une déclaration d'ISF…

Lorsque l'un des époux a son lieu de travail proche de son domicile et que l'autre travaille à plus de 40 km, cette distance n'est pas anormale et les frais de trajet sont déductibles. Ainsi, il a été jugé qu'une personne qui travaillait à 55 km de son domicile, à la suite de la mutation de son épouse qui travaillait à 6 km de son domicile, pouvait déduire l'intégralité des frais. Si les deux époux ont leur activité dans deux villes différentes et résident dans une troisième localité, chacun peut déduire ses frais de trajet à condition que la distance entre le domicile et le travail ne dépasse pas 40 km pour l'un des deux. Si ce n'est pas le cas, chacun peut déduire jusqu'à 40 km.

Un seul aller-retour

TRUC

Un seul aller-retour quotidien est déductible. Cependant si, pour des raisons exceptionnelles, vous êtes obligé de rentrer chez vous à midi, n'hésitez pas à les invoquer pour déduire les 2 trajets quotidiens. Des horaires particuliers, des problèmes de santé, ou par exemple votre présence aux côtés de votre épouse handicapée vous autorisent à déduire deux allers-retours.

Nom, prénom
Adresse
Téléphone

Service des impôts des particuliers

À (*lieu*), le (*date*)

Monsieur,

Je suis domicilié à 20 km de mon travail ; cependant, l'état de santé de mon épouse nécessitant une présence à ses côtés et notamment au moment des repas, je suis obligé de rentrer déjeuner à mon domicile. C'est pourquoi je calcule mes frais de trajet compte tenu de deux allers-retours quotidiens. Compte tenu de … jours de travail, j'ai donc compté … km (nombre de jours X 4 X 20).

Je joins à la présente un certificat médical.

Je vous prie d'agréer, Monsieur, l'assurance de ma considération distinguée.

Signature

P. J :
Certificat médical

Modèle : Lettre justifiant deux allers-retours quotidiens.

Pour déterminer la distance parcourue, multipliez la distance de votre domicile au lieu de travail par le nombre de jours de travail. Pour calculer le nombre de jours de travail, vous pouvez prendre en compte uniquement les jours de travail effectifs. En clair, retirez les samedis, les dimanches, les jours fériés, les jours de congés payés, de RTT ou d'arrêt de maladie, selon votre contrat de travail.

ATTENTION !

Ne forcez pas la dose. Le service, même si vous utilisez le barème forfaitaire, peut vous demander la carte grise du véhicule, la facture d'achat, les factures d'entretien, afin de vérifier le trajet parcouru pour vous rendre au travail.

Comment calculer les frais de trajet ?

Vous pouvez soit appliquer au nombre de kilomètres parcourus le barème kilométrique forfaitaire de l'administration (voir notice jointe à la déclaration), soit prendre en compte tous les frais d'utilisation du véhicule pour leur montant réel.

- **Vous appliquez le barème de l'administration :** si vous ne pouvez pas déterminer exactement les frais de voiture, appliquez le barème publié chaque année par l'administration. Ce barème tient compte des frais d'assurance, de réparation, de carburant et de l'amortissement du véhicule.
- Pour appliquer le barème kilométrique forfaitaire de l'administration, il faut que le salarié ou son conjoint soit propriétaire du véhicule. Lorsqu'un concubin utilise pour se rendre à son travail le véhicule de son concubin, il ne peut pas utiliser le barème forfaitaire kilométrique pour évaluer ses frais de transport, à moins que les concubins soient tous les deux propriétaires du véhicule. À défaut, seuls les frais réels sont déductibles (réparation, entretien, carburant…) à condition que le concubin qui n'est pas propriétaire du véhicule justifie qu'il utilise le véhicule pour se rendre à son travail (assurance à son nom, location d'un emplacement de parking à proximité du travail…).
- Pour les véhicules pris en crédit-bail, le barème kilométrique est applicable. Mais les loyers ne sont pas déductibles.
- Ne confondez pas le « barème kilométrique » avec le « barème carburant ». Ces deux barèmes forfaitaires sont publiés chaque année par l'administration. Lorsque vous optez pour la déduction des frais réels, vous pouvez les utiliser. Alors que le « barème kilométrique » prend en compte l'intégralité des frais de transport (entretien, réparation, pneumatiques, carburant, assurance), le

« barème carburant » concerne les seules dépenses de carburant ; vous devez donc ajouter les autres dépenses de véhicule pour leur montant réel.

Déduisez les frais de stationnement

Vous pouvez déduire les frais de stationnement (parkings) en sus de l'évaluation résultant de l'application du « barème forfaitaire kilométrique » de l'administration. Vous devrez justifier que ces frais sont utilisés pour votre activité professionnelle et qu'il n'existe pas de parking gratuit proche de votre lieu de travail. Sont aussi déductibles : les frais de péage, les intérêts des emprunts contractés pour l'acquisition du véhicule correspondant à l'utilisation professionnelle, l'amortissement, les dépenses de réparation suite à un accident... Si vous utilisez le garage de votre habitation pour votre véhicule professionnel, vous ne pouvez déduire aucune dépense pour cette utilisation.

- **Vous préférez la déduction des frais réels :** vous devez produire les factures de frais de carburant, de stationnement, d'entretien, de réparation, d'assurance... Pour l'achat de la voiture, une déduction correspondant à sa dépréciation annuelle peut être pratiquée. Vous pouvez également déduire les intérêts du crédit. En cas de changement de véhicule en cours d'année, calculez les frais au prorata de la période d'utilisation de chaque véhicule.
- Si vous prenez les transports en commun, déduisez le prix du métro, du bus... sans oublier les frais pour le trajet en voiture de votre domicile à la station (utilisez le barème kilométrique). Vous avez donc le libre choix du moyen de transport, et rien ne vous oblige à choisir le plus économique.
- Seule la part concernant l'usage professionnel est déductible. Pas la partie correspondant à l'usage privé.

Les frais de repas

S'il ne vous est pas possible de revenir chez vous pour déjeuner, compte tenu de vos horaires ou de l'éloignement de votre lieu de travail, vous pouvez déduire les frais supplémentaires de repas supportés par rapport au coût du repas pris à domicile estimé forfaitairement par l'administration. Deux possibilités :

- **Vous pouvez justifier le montant réel des frais de repas :** totalisez les notes de restaurant et déduisez une somme forfaitaire de 4,65 € par repas pour 2015.

  Exemple : Pour une facture de restaurant de 13 € vous pourrez déduire 8,35 € (13 - 4,65).

- **Vous ne pouvez pas justifier du montant réel des frais de repas :** déduisez une somme de 4,65 € par repas.

Si vous disposez d'une cantine d'entreprise et que vous y déjeunez, vous pouvez déduire la différence entre le prix de la cantine et le forfait de 4,65 €. Si vous « boudez » la cantine, libre à vous d'aller au restaurant. Mais vous ne pourrez alors pas déduire l'intégralité des notes de frais de restaurant mais seulement le même montant que vous auriez déduit en allant à la cantine (prix du repas à la cantine diminué de 4,65 €).

Vous devrez soustraire du montant des frais de repas la participation de votre employeur à l'achat de titres-restaurants.

D'autres frais divers...

Le mobilier, le matériel...

Déduisez les dépenses de mobilier, de matériel et d'outillage nécessaires à l'exercice de la profession. Les dépenses de mobilier, de matériel et d'outillage inférieures à 500 € hors taxes sont déductibles en une seule fois, l'année de leur acquisition. Mais si elles excèdent ce montant, la dépréciation du bien subie au cours de l'année est seule déductible. Cette dépréciation est calculée en fonction de la durée d'utilisation présumée du matériel. Par exemple, pour un ordinateur acheté le 1er janvier 1 500 €, compte tenu d'un amortissement sur trois ans, vous pourrez déduire 500 € chaque année (1 500 €/3). En cas d'utilisation mixte, c'est-à-dire comportant une partie professionnelle et une partie personnelle, seule la fraction concernant l'utilisation professionnelle est déductible. Ainsi, si votre utilisation privée est de 50 %, l'amortissement déductible sera égal à 50 %. Vous pourrez déduire 250 € (500 €/2). Si l'ordinateur est acquis en septembre, il faut ajuster la dépréciation en fonction du temps d'utilisation dans l'année, soit 167 € (500 x 4/12).

Quant aux logiciels, ils sont déductibles en totalité l'année de leur achat.

Les cotisations syndicales

Vous avez opté pour les frais réels, vous avez donc le droit de déduire le montant total de votre cotisation syndicale.

Les frais de procès

Votre employeur vous doit des arriérés de salaires, une indemnité de licenciement imposable et vous êtes obligé de l'attaquer devant les prud'hommes. Pour cela, vous faites appel à un avocat. Les honoraires que vous lui réglez sont déductibles. En revanche, les dépenses engagées pour obtenir des indemnités de licenciement ayant le caractère de dommages intérêts ne sont pas déductibles.

Les dépenses d'habillement

Les frais de vêtements spécifiques à la profession sont déductibles. La déduction concerne non seulement le prix d'achat mais aussi l'entretien et le blanchissage des vêtements. Il faut naturellement qu'il s'agisse de vêtements nécessaires à la profession :

- L'uniforme des pompiers professionnels
- Les vêtements de travail des ouvriers (bleus, par exemple)
- Les vêtements de danse des artistes chorégraphiques (collants, justaucorps...)
- La robe des magistrats
- L'uniforme des préfets
- Le costume officiel des membres de l'Université
- Les chemises blanches des maîtres d'hôtel
- Les combinaisons des moniteurs de ski
- Les équipements des officiers des différentes armes

Un bureau à la maison

Si votre activité professionnelle nécessite l'usage d'un local spécifique et que vous ne disposez pas d'un bureau mis à votre disposition par votre employeur, vous pouvez déduire les frais au prorata de la superficie totale de votre habitation et de la superficie utilisée à usage professionnel : le loyer, les dépenses d'entretien, de réparation, d'amélioration, d'aménagement spécifiques pour l'exercice de la profession, les intérêts d'emprunts contractés pour l'acquisition du local professionnel, les assurances, le chauffage, les impôts locaux… En pratique, il est admis qu'une pièce soit affectée à un usage professionnel lorsque le logement comporte plusieurs pièces.

Exemple :

Votre logement a une superficie de 80 m^2, et votre bureau 16 m^2. La quote part des frais déductible est de 20 %

Les frais de prothèse

Les frais de prothèse sont en partie déductibles s'ils sont indispensables à l'exercice de la profession. Ils doivent avoir pour but de remédier à un grave handicap qui, en l'absence de prothèse, ne permettrait pas d'exercer normalement l'activité professionnelle. Par exemple, la déduction a été admise pour un salarié chargé des relations publiques ou pour un enseignant afin de lui permettre de s'exprimer de manière audible. L'administration admet la déduction de la moitié de la fraction des dépenses non remboursées par la Sécurité sociale.

Les frais de téléphone

Restez branché et réduisez vos impôts ! Les frais d'abonnement et de communications pour raison professionnelle sont déductibles. De même que le prix d'acquisition du portable, à hauteur de 500 € hors taxes, ou une somme égale à une annuité d'amortissement au-delà de cette limite. En cas d'utilisation mixte du téléphone, il convient de prendre en compte la seule utilisation professionnelle.

Matériel informatique

Le matériel informatique que vous avez acquis pour les besoins de votre activité professionnelle est déductible, si vous ne pouvez utiliser celui de votre entreprise. Vous pourrez déduire la dépréciation du matériel par voie d'amortissement sur une durée de trois ans ou si le prix n'excède pas 500 €, vous pouvez le déduire en totalité. Si vous l'utilisez aussi à titre personnel, seule la partie correspondant à l'utilisation professionnelle est déductible. Concernant les logiciels, à condition qu'ils aient un caractère exclusivement professionnel, leur prix d'acquisition est déductible en totalité l'année de leur acquisition.

Les frais de déménagement

Vous pouvez déduire les frais de déménagement, lorsque le changement de résidence est dû à un motif professionnel : par exemple, si vous êtes obligé de changer de résidence pour obtenir un nouvel emploi, ou à la suite d'une mutation ou d'un changement d'implantation de l'entreprise. En revanche, si vous déménagez pour raison personnelle ou après avoir pris votre retraite, même si vous disposiez d'un logement de fonction, vous ne pouvez pas déduire les frais de déménagement. Si votre employeur prend en charge les frais de déménagement, n'oubliez pas d'ajouter le montant de cette prise en charge à vos salaires.

Si vous touchez une indemnité de déménagement, elle doit être déclarée avec votre rémunération.

Les frais de double résidence

Si vous travaillez dans une commune éloignée de celle où réside votre famille, vos frais de double résidence sont déductibles à condition que cette situation soit imposée par votre emploi. Vous pouvez déduire le loyer, les dépenses supplémentaires de repas (frais de repas du soir au restaurant si les circonstances l'exigent) ainsi qu'un aller-retour par semaine pour rejoindre votre famille. Même les intérêts d'emprunt pour l'achat d'un appartement ou d'une maison au lieu où le salarié est contraint de fixer sa double résidence sont déductibles. Cette possibilité concerne les époux, les partenaires d'un Pacs, les concubins.

Études, documentation, formation

Les frais de formation et de documentation que vous engagez en tant que salarié ou demandeur d'emploi pour trouver du travail sont déductibles, même s'ils n'ont pas débouché sur un nouvel emploi. Salarié, vous avez l'ambition d'améliorer votre situation. Ou tout simplement vous avez envie de changer de branche. Le fisc vous accorde la déduction des frais d'études. Bien sûr, il faut qu'il y ait un rapport direct avec l'emploi envisagé. Professeur dans un lycée, vous préparez l'agrégation : les frais nécessaires à sa préparation sont déductibles. Mais si vous préparez un diplôme à la veille de votre retraite, n'espérez pas pouvoir déduire les frais d'études.

Quelques exemples où la déduction des frais d'études a été admise : préparation, impression, diffusion d'une thèse de doctorat ; frais de déplacement pour préparer une thèse de doctorat d'État ; frais de voyage à l'occasion d'examens professionnels ; achat de livres, frais d'études supportés par un instituteur pour obtenir une licence lui permettant d'être titularisé dans son emploi. Votre objectif peut être de tout simplement vous perfectionner dans votre profession et d'augmenter vos connaissances professionnelles. Ce souci est tout à fait louable et le fisc vous en est reconnaissant. Il admet aussi la déduction des achats d'ouvrages, ainsi que l'abonnement à des publications professionnelles.

Les allocations chômage sont imposables dans la catégorie des traitements et salaires. Il est possible d'opter pour les frais réels et de déduire tous les frais nécessités par la recherche d'un emploi : téléphone, courrier, logement à l'occasion d'un déplacement nécessité par cette recherche…

Participez à un congrès dans un paysage de rêve

Les frais de participation à des congrès ou à des séminaires, s'ils se rattachent à votre profession, sont intégralement déductibles. Peu importe le montant du séjour (le fisc peut vous demander le programme du séjour). En revanche, ne comptez pas faire admettre par votre contrôleur la déduction des frais de voyage et de séjour de votre chère moitié ou de votre partenaire.

Le fisc conteste les frais de congrès visiblement touristiques et non professionnels.

Les professions artistiques

Les artistes et les musiciens lyriques qui ont opté pour les frais réels peuvent déduire 14 % de leur rémunération au titre de la dépréciation des instruments de musique et des frais accessoires. Mais il est possible de renoncer à cette déduction et de déduire les frais réels (dépréciation, assurance…).
Tous les artistes peuvent évaluer forfaitairement les frais de vêtements, de représentation, de fournitures pour un montant égal à 5 % de la rémunération.

Télétravail

Si vous travaillez à domicile, les frais de déplacement pour se rendre à l'entreprise sont déductibles. Ils doivent être exceptionnels et justifiés (réunion de travail…).

Si vous exercez l'activité à la fois chez vous et dans l'entreprise, les frais, à condition d'être justifiés, sont déductibles dans la limite de 40 km (au-delà en cas de circonstances exceptionnelles).

Frais réels : cinq conseils pour remplir votre déclaration de revenus

1. **Conservez les factures.** La loi n'indique pas les justificatifs à produire pour justifier de vos frais professionnels. Vous pouvez donc utiliser tous les moyens de preuve dont vous disposez. Mais je vous conseille de conserver les factures et tous documents utiles (par exemple, l'agenda professionnel pour justifier des kilomètres parcourus) jusqu'à la fin de la troisième année suivant celle où les revenus ont été perçus. Vous pourrez ainsi justifier de vos dépenses si le fisc vous le demande. Il en a parfaitement le droit. Le service peut vous adresser une demande écrite vous demandant de justifier vos frais, surtout lorsqu'ils sont importants. Une simple liste ou une attestation ne vous serviront à rien.
2. **Utilisez la case « Renseignements ».** Pour vous éviter de recevoir une demande du service dans deux ou trois ans alors que vous aurez eu l'occasion d'égarer ou de jeter les factures, indiquez le détail et le

Frais réels : cinq conseils pour remplir votre déclaration de revenus *(suite)*

montant des frais dans le cadre « Renseignements » de la déclaration. Si vous n'avez pas suffisamment de place, joignez une liste détaillée des frais annexée à la déclaration de revenus en exposant les motifs qui vous autorisent à les déduire et la façon dont vous les avez calculés. Vous indiquerez alors dans le cadre « renseignements » : « frais réels selon liste détaillée jointe ».

3. **Précisez les membres de votre foyer fiscal qui optent pour les frais réels.** Précisez dans la case de votre déclaration prévue à cet effet (rubrique traitements et salaires) les membres de votre foyer fiscal qui optent aussi pour les frais réels.

4. **Vous n'avez pas les justificatifs, parlez-en à votre contrôleur.** Si vous êtes de ceux qui, allergiques à la paperasserie, sont dans l'impossibilité de présenter les justificatifs, sachez que les agents font preuve de compréhension pour apprécier le caractère probant des justificatifs présentés et pour ne pas rejeter systématiquement votre demande pour défaut de documents prouvant la déduction de frais réels lorsqu'il est pratiquement impossible de justifier de ces derniers.

5. **Utilisez la mention expresse.** Panique au moment de remplir la déclaration d'impôt : vous n'êtes pas sûr de pouvoir déduire deux allers-retours. Mentionnez dans le cadre « Autres renseignements » les motifs pour lesquels vous déduisez deux allers-retours en indiquant que vous entendez bénéficier de la « mention expresse ». Si vous n'avez pas assez de place, utilisez une feuille annexe (papier libre daté et signé). Vous n'encourez aucune pénalité sur le complément d'impôt qui pourrait vous être réclamé. Seule condition : être de bonne foi.

Chapitre 7

Professions libérales et commerciales

Les avantages du régime du MICRO

Dans ce chapitre :

- Le micro-BIC : un régime ultra-simplifié
- Le micro-BNC pour vous simplifier la vie

Que vous exerciez une activité libérale ou commerciale, vous hésitez avant de choisir le meilleur régime. Et aussi le plus simple. Il ne sera ici question que du régime du « micro » applicable aux petites entreprises. Les professions libérales et les chefs d'entreprise dont le chiffre d'affaires excède les limites pour bénéficier du régime du micro bénéficiant de l'aide de professionnels.

Le micro-BIC : un régime ultra-simplifié

Le régime micro-BIC est un régime d'imposition ultra-simplifié destiné aux entrepreneurs individuels (commerçants, artisans, loueurs en meublé…).

Pour bénéficier du « micro-BIC », le chiffre d'affaires ne doit pas dépasser 82 200 € hors taxes pour les entreprises de vente ou de fourniture de logements ou 32 900 € hors taxes pour les autres activités de prestations de services (ou loueur en meublé).

N'OUBLIEZ PAS !

Pour les meublés de tourisme, chambres d'hôtes, le seuil d'application du micro-BIC est de 82 200 € et l'abattement forfaitaire est de 71 %. Pour les autres locations meublées, elles relèvent du micro-BIC si les recettes n'excèdent pas 32 900 €. L'abattement forfaitaire est de 50 %.

Il suffit de porter sur votre déclaration d'ensemble des revenus le montant des recettes brutes.

Pour les exercices clos à compter du 31 décembre 2015, le régime micro-BIC s'applique lorsque le chiffre d'affaires de l'année précédente n'excède pas :

- 82 200 € (ou 90 300 € si le chiffre d'affaires de l'avant-dernière année n'excède pas 82 200 €) ;
- 32 900 € ou (34 900 € si le chiffre d'affaires de l'avant-dernière année n'excède pas 32 900 €).

Le « micro-BIC » : faites le bon choix

Les avantages :

Pas de TVA à facturer : la TVA n'est pas facturée aux clients.

Il faut simplement apposer sur la facture la mention « TVA non applicable art. 293B du CGI ».

Vous êtes dispensé de la déclaration et du paiement de la TVA.

Une comptabilité réduite à sa plus simple expression.

Des obligations déclaratives allégées : pas de bilan à établir, pas de déclaration professionnelle.

Il suffit de porter directement le montant des recettes sur la déclaration annuelle des revenus.

Un bénéfice évalué forfaitairement : le bénéfice est évalué forfaitairement par le fisc par application d'un abattement égal à 71 % pour les ventes de marchandises et la fourniture de logement et à 50 % pour les prestations de services.

Les inconvénients :

Le régime micro s'applique aux entrepreneurs individuels.

L'entrepreneur qui choisit ce régime peut être imposé uniquement à l'impôt sur le revenu.

Or, l'impôt sur les sociétés est parfois plus intéressant, si le taux d'imposition à l'impôt sur le revenu est supérieur au taux de l'impôt sur les sociétés.

La TVA n'est pas facturée mais, en contrepartie, elle n'est pas déductible.

Ce qui risque d'être pénalisant pour une entreprise qui démarre avec des investissements importants.

S'agissant d'un régime forfaitaire, les déficits ne sont pas pris en considération.

Or, au démarrage, une situation déficitaire est fréquente.

La réduction d'impôt pour frais de tenue de comptabilité en faveur des adhérents à un centre de gestion agréé n'est pas applicable.

Si le « micro » ne vous convient pas, une option peut être exercée pour un régime réel d'imposition. Cette option est irrévocable pendant deux ans. Elle est reconduite tacitement.

Si vos dépenses dépassent les abattements forfaitaires de 71 % ou 50 %,ou si vous êtes en déficit, optez pour le régime du réel. Vous payerez ainsi moins d'impôt. Cerise sur le gâteau, vous pourrez adhérer à un centre de gestion agréée et bénéficier d'avantages intéressants.

Le « micro-BNC » pour vous simplifier la vie

Les professions libérales sont imposables dans la catégorie des bénéfices non-commerciaux.

Selon l'importance des recettes, vous êtes soumis soit au régime de la déclaration contrôlée, soit au régime du « micro ».

Si les recettes encaissées dans l'année ne dépassent pas 32 900 € HT, le régime qui s'applique est le régime du « micro ».

L'administration applique automatiquement un abattement de 34 %, qui inclut toutes les charges. Si vous exercez personnellement plusieurs activités non commerciales, les recettes de ces différentes activités doivent être totalisées pour apprécier la limite de 32 900 €.

Il suffit de porter sur votre déclaration d'ensemble des revenus le montant des recettes brutes.

Pour les exercices clos à compter du 31 décembre 2015, le régime micro-BNC s'applique lorsque le chiffre d'affaires de l'année précédente n'excède pas :

- 32 900 € ou (34 900 € si le chiffre d'affaires de l'avant-dernière année n'excède pas 32 900 €)

Vos recettes relevant du micro-BNC, vous pouvez toutefois opter pour le régime de la déclaration contrôlée. Il suffit simplement de souscrire la déclaration de résultats n° 2035. L'option est valable deux ans. Elle est reconduite tacitement pour une période de deux ans, sauf dénonciation avant le 1er février.

Régime du « micro-BNC » : avantages et inconvénients

Les avantages :

La TVA n'est pas facturée aux clients.

Il faut simplement apposer sur la facture la mention « TVA non applicable art. 239B du CGI ».

Vous êtes dispensé de la déclaration et du paiement de la TVA.

Le principal attrait du micro est la simplification comptable. Il suffit de tenir un document journalier enregistrant le détail des recettes professionnelles.

Les obligations déclaratives sont allégées : pas de déclaration professionnelle.

Il suffit de porter directement le montant des recettes sur la déclaration annuelle des revenus.

Les inconvénients :

La TVA n'est pas facturée, mais en contrepartie, elle n'est pas déductible, ce qui risque d'être pénalisant pour une activité qui « démarre » avec des investissements importants.

S'agissant d'un régime forfaitaire, les déficits ne sont pas pris en considération.

Or, au démarrage, une situation déficitaire est fréquente.

La réduction d'impôt pour frais de tenue de comptabilité en faveur des adhérents à une association de gestion agréée n'est pas applicable.

Chapitre 8

La retraite ! Pour une fiscalité plus zen

Dans ce chapitre :

- Préparez la retraite
- L'indemnité de départ
- Les pensions de retraite
- Les rentes viagères

Vivre de ses rentes… qui n'en a pas rêvé ! Mais la réalité n'est pas aussi idyllique : si une rente peut être versée par une compagnie d'assurance, ou encore en contrepartie de la vente en viager d'un immeuble, elle peut aussi faire suite à un accident, à un divorce… La retraite, il y a longtemps que vous en rêviez pour vous adonner enfin à votre passion. Mais en ce qui concerne les impôts, rien n'a vraiment changé : vous êtes imposé sur la pension que vous touchez. Autant de situations à gérer fiscalement au mieux de vos intérêts…

Préparez la retraite

Un jeune est à cent lieues de penser à la retraite. Sollicité par tant d'activités, préparer sa retraite n'est pas une priorité pour lui. Pour autant, chacun un jour arrive à la retraite. Et il vaut mieux avoir été prévoyant...

Les loyers sont chers et surtout à fonds perdus. Si vous en avez les moyens, pensez à l'acquisition d'un logement. Plus vous vous y prenez tôt plus les échéances du prêt seront supportables, car calculées sur une longue période. Elles seront même parfois d'un montant équivalent aux loyers.

N'oubliez pas qu'être propriétaire de son habitation principale c'est aussi préparer sa retraite. Une fois payé le prêt, si possible avant de prendre la retraite, vous pourrez profiter pleinement de votre pension.

Et si vous en avez les moyens, plus tard, pourquoi ne pas envisager l'acquisition d'un studio que vous louerez où dont vous profiterez entre deux locations. De quoi vous offrir quelques voyages lorsque vous ne travaillerez plus.

La retraite, à ce qu'on nous prédit, ne sera pas mirobolante. Placer son argent pour le retrouver à la retraite permet de compléter utilement son montant. Pensez au PERP (Plan d'épargne retraite populaire), au PERCO (Plan d'épargne pour la retraite collectif) ou au contrat Madelin pour les non-salariés. Les fonctionnaires peuvent déduire de leurs revenus les cotisations à leur retraite complémentaire. De quoi préparer demain tout en réduisant votre impôt aujourd'hui. Rendez-vous au chapitre sur votre épargne, vos placements.

L'indemnité de départ en retraite !

L'indemnité de départ en retraite

Imposable ou pas ? Tout dépend si vous êtes mis à la retraite par votre employeur ou si c'est vous qui décidez de partir en retraite.

Vous prenez volontairement votre retraite

L'indemnité est imposable, sauf si le départ intervient dans le cadre d'un plan de sauvegarde de l'emploi.

Votre employeur vous met à la retraite

L'indemnité est exonérée à hauteur du plus élevé des montants suivants :

- Le montant de l'indemnité prévu par la convention collective ou par l'accord professionnel
- La moitié de l'indemnité perçue
- Ou le double de la rémunération annuelle de l'année précédant la mise à la retraite

Cependant le montant exonéré ne peut excéder 190 200 € pour l'indemnité perçue en 2015, si l'une des deux dernières limites s'applique.

Exemple :

Vous percevez 100 000 € d'indemnité dont 40 000 € prévus par la convention.

Votre salaire de l'année précédente était de 40 000 €.

Le seuil d'exonération est de 80 000 € (40 000 x 2), soit deux fois la rémunération de l'année précédente. Ce montant est retenu, car il est supérieur à la moitié de l'indemnité perçue, soit 50 000 € (100 000 x 50 %).

Le montant de l'indemnité exonéré est de 80 000 €, le montant imposable est de 20 000 €.

TRUC

Pour réduire l'imposition de votre indemnité de retraite, un bon tuyau : le système de quotient ou d'étalement. Allez au chapitre 6 « Traitements et salaires » pour lire l'encadré « Licenciement et retraite : deux astuces pour réduire l'impôt ».

Tableau 8-1 : L'indemnité de départ en retraite

	Vous décidez de prendre votre retraite	*Votre employeur vous met à la retraite*	*Vous partez volontairement suite à un plan social*
Indemnité selon la convention collective ou égale au minimum légal	Imposition	Exonération	Exonération
Indemnité excédant la convention collective ou le minimum légal	Imposition	Exonération à concurrence de la moitié de l'indemnité ou du double de la rémunération annuelle de l'année précédente	Exonération

Les pensions de retraite

Le principe est l'imposition des retraites. Il existe cependant quelques exceptions...

Ce qui est à déclarer

Quels que soient votre régime de retraite et la périodicité des versements, vous devez déclarer vos pensions :

- Les pensions civiles et militaires
- La retraite de la Sécurité sociale, du régime agricole, des régimes spéciaux
- Les retraites complémentaires (légales ou contractuelles)
- Les allocations versées par l'entreprise à ses anciens salariés
- Les avantages en nature : avantages fournis par l'ancien employeur (maintien dans le logement de fonction, par exemple)
- Les pensions servies dans le cadre d'un plan d'épargne retraite populaire (Perp)

Lorsque les droits à retraite sont faibles, la caisse de retraite vous les verse en une seule fois. Vous devez déclarer cette somme mais, pour faire baisser l'addition, déclarez la somme selon le système du quotient. Ce système atténue la progressivité de l'impôt et évite une imposition exagérée. Pour bénéficier du quotient, vous devez formuler une demande dans la déclaration de revenus en remplissant la rubrique prévue. Toutefois, si vous n'avez pas fait cette demande, vous pourrez toujours faire une réclamation au service des impôts. Mais ne tardez pas, pour ne pas dépasser le délai de réclamation.

Ce qui est exonéré

Vous n'avez pas à déclarer :

- La rente d'éducation et les pensions d'orphelin
- La retraite du combattant
- La retraite mutualiste des anciens combattants dans la limite qui n'excède pas le plafond de rente majorée par l'État (le montant excédentaire est imposable)
- La majoration de pension pour assistance d'une tierce personne

- Les allocations allouées aux personnes âgées
- Les pensions de retraite des régimes de Sécurité sociale (lorsqu'elles n'excèdent pas le montant de l'allocation aux vieux travailleurs salariés et si les ressources du bénéficiaire ne dépassent pas certains seuils)

L'APA exonérée

L'allocation personnalisée d'autonomie prend en charge une partie des frais liés à la perte d'autonomie. Cette aide essentielle permet notamment à une personne de rester à son domicile malgré un handicap. Son montant varie en fonction du revenu du bénéficiaire. Cette allocation n'est pas imposable à l'impôt sur le revenu, elle n'a donc pas à être déclarée. L'APA doit être déduite des dépenses pour l'emploi d'un salarié à domicile permettant de bénéficier de la réduction ou du crédit d'impôt de 50 %. De même, elle doit être déduite des dépenses d'accueil dans un établissement d'hébergement pour personnes âgées, pour le calcul de la réduction d'impôt.

Deux paradis fiscaux pour retraités

Nombreux sont les retraités qui aspirent à une vie heureuse, ensoleillée dans un pays où ils pourraient vivre de leurs rentes, tout en améliorant leur pouvoir d'achat. Le Portugal a pensé aux séniors, la retraite (privée) y est exonérée d'impôt pendant dix ans. De quoi voir venir... Le Maroc aussi n'est pas mal du tout : l'impôt bat en retraite si le versement de la pension est fait sur un compte marocain, en dirhams non convertibles. La retraite sera imposée après un abattement de 40 % et une réduction de 80 % sur l'impôt ! Plus on avance en âge, plus on est près du paradis.

Les pensions imposées comme les salaires

On ne coupe pas les ponts facilement avec une activité professionnelle exercée pendant de longues années. Côté impôt, il n'y a pas de « traumatisme », puisque le retraité est imposé comme lorsqu'il travaillait.

Certaines charges peuvent être déduites des pensions de retraite et des rentes viagères à titre gratuit :

- Les frais de certificat de vie exigés pour le paiement
- Les frais de procès engagés pour obtenir le paiement ou la revalorisation d'une pension
- Les cotisations de Sécurité sociale, lorsqu'elles n'ont pas été retenues sur le montant de la pension

La part de la pension saisie par l'État pour payer les frais de séjour dans un établissement spécialisé ne doit pas être déduite du montant des pensions à déclarer.

Les rentes viagères

Une rente est une allocation versée régulièrement par le *débirentier* (personne ou organisme) à un bénéficiaire, le *crédirentier*. La rente est constituée sans contrepartie (à titre gratuit) ou avec une contrepartie (à titre onéreux).

En principe imposables

Les rentes viagères à titre gratuit ou onéreux sont en principe imposables. Ainsi, vous devez déclarer :

- Les rentes versées en contrepartie de la vente en viager d'un immeuble
- Les rentes versées par des assurances ou la Caisse nationale de prévoyance
- Les « Rentes survies » au profit d'enfants handicapés
- La rente allouée en réparation d'un préjudice par une décision de justice
- La rente viagère versée à titre de dommages et intérêts dans le cadre d'un divorce au tort de l'un des époux

Certaines rentes viagères sont exonérées :

- Les rentes servies aux victimes d'accident du travail ou de maladies professionnelles
- Les rentes servies comme dommages-intérêts aux victimes d'une incapacité permanente totale à la suite d'une condamnation judiciaire ou d'une transaction avec

la compagnie d'assurances s'il s'agit d'un accident de la circulation

Comment sont imposées les rentes viagères ?

Pour connaître le régime d'imposition, il faut distinguer les rentes viagères à titre gratuit de celles à titre onéreux :

- **La rente viagère est à titre gratuit lorsqu'elle est versée sans contrepartie :** tel est le cas pour une rente viagère constituée en dot par un parent à son enfant à l'occasion de son mariage. La rente viagère à titre gratuit est imposée comme les pensions de retraite ; elle bénéficie de l'abattement de 10 %
- **La rente viagère à titre onéreux est perçue avec une contrepartie :** le débirentier reçoit un capital ou un bien. Les rentes viagères à titre onéreux ne donnent pas droit à l'abattement de 10 %, elles sont imposables sur une fraction seulement de leur montant déterminée en fonction de l'âge du crédirentier (celui qui reçoit la rente) lors de l'entrée en jouissance de la rente.

Tableau 8-2 : Pourcentage imposable de la rente à titre onéreux

70 %	Si le crédirentier (celui qui touche la rente) a moins de 50 ans
50 %	Si le crédirentier a de 50 à 59 ans inclus
40 %	Si le crédirentier a de 60 à 69 ans inclus
30 %	Si le crédirentier a plus de 69 ans

Viager, l'exemple de Jeanne Calment…

L'achat en viager, qui permet d'acheter un bien mais de n'en disposer qu'au décès de la personne à laquelle est versée comptant une somme appelée « bouquet » et une rente mensuelle, comporte un aléa. L'acheteur (le *débirentier*) ne sait pas combien de temps il devra verser la rente : tout dépend de la durée de vie du vendeur (le *crédirentier*). Jeanne Calment, qui a vécu plus de cent vingt-deux ans, est décédée après la personne à laquelle elle avait vendu sa maison en viager alors qu'elle avait 90 ans. Cette situation n'est pas sans rappeler le film *Le Viager*. Lorsque le propriétaire survit à toute la famille, que se passe-t-il ? Les héritiers continuent à payer la rente à concurrence de leurs droits.

Le temps, c'est de l'argent ! Retardez autant que vous le pouvez le premier versement de la rente. Le taux de l'abattement fiscal est fonction de la date d'entrée en jouissance de la rente. Plus la rente est versée tard, plus l'abattement augmente.

Si vous manquez de liquidités et que vous souhaitez obtenir un complément de revenus tout en conservant votre habitation, pensez au viager avec vos enfants. Vous recevrez une rente et un capital (répartis selon que les enfants disposent ou non d'un apport). De leur côté, les enfants conserveront le patrimoine dans la famille. Une bonne opération familiale.

Mais pour éviter que l'administration y voit une donation déguisée, prenez toutes les précautions et conseils auprès d'un professionnel.

Si le bouquet et la rente sont jugés trop faibles, l'administration fiscale pourra « requalifier » le viager en donation déguisée et appliquer une taxation de 60 %.

Sept conseils pour prendre les meilleures décisions

1. Si vos droits à la retraite sont versés en une seule fois, pensez à demander à bénéficier du système du quotient.
2. La retraite du combattant n'est pas à déclarer, ne l'oubliez pas.
3. L'APA n'est pas imposable, assurez-vous que vos parents ne l'ont pas déclarée…
4. Si vous envisagez de prendre votre retraite à l'étranger, n'espérez pas échapper à l'impôt, une retenue à la source est opérée par le fisc.
5. Avant d'acheter en viager, n'oubliez pas l'exemple de Jeanne Calment. Prenez en compte l'allongement de la durée de vie.
6. Attention aux viagers trop faibles. Ils risquent d'être requalifiés par l'administration.
7. Reculez autant que vous le pouvez le versement d'une rente viagère, le taux d'abattement fiscal augmente en fonction de l'âge du crédirentier.

Troisième partie

Mettre son patrimoine à l'abri du fisc

Dans cette partie...

Mettre de l'argent de côté et à l'abri du fisc... C'est le rêve de nombreux contribuables qui, une fois payé l'impôt sur le revenu, souhaitent recueillir le fruit de leur épargne net d'impôt. L'épargne populaire permet de faire fructifier ses économies en exonération d'impôt dans la plupart des cas. Du livret au plan d'épargne en passant par l'assurance vie, vous trouverez forcément un placement adapté à vos moyens et à vos objectifs. Pour ceux qui ont un peu plus le goût du risque, les placements financiers permettent de profiter d'une fiscalité light. À moins que vous ne placiez vos économies dans la pierre « valeur refuge », dans des périodes boursières chaotiques. Qu'il s'agisse d'investir pour avoir des revenus locatifs ou pour défiscaliser, il n'y a pas de place pour l'improvisation. Épargner c'est bien, mais faire le bon choix pour ne pas voir grignoter ses économies par le fisc, c'est mieux !

Enfin, vous connaîtrez les bons filons de l'ISF et vous saurez tout sur les bons plans pour donner moins au fisc et plus aux autres !

Chapitre 9

Votre épargne, vos placements, les bons plans

Dans ce chapitre :

- L'assurance vie : incontournable
- Livrets, comptes, plans...
- Retraite : les bons plans
- Les placements avantageux

Nous mettons de l'argent de côté pour réaliser un projet, pour ne pas être pris au dépourvu en cas de coup dur, pour préparer la retraite ou tout simplement pour ne pas perdre d'argent. La diversité des placements d'épargne populaire proposés témoigne de ces objectifs. La fiscalité a toujours influé nos choix, elle offre aux épargnants de nombreux avantages à côté desquels il serait dommage de passer, d'autant que certains placements sont de petits paradis fiscaux. Du livret au plan d'épargne en passant par l'assurance vie, vous trouverez forcément chaussure à votre... bas de laine.

L'assurance vie : incontournable !

L'assurance vie ! Incontournable, lorsqu'il s'agit de placer son argent. Chacun, jeunes ou vieux, petits ou gros épargnants, y trouve ce qu'il veut.

Ne confondez pas assurance vie et assurance décès

L'assurance vie est à la fois un placement dont on profite de son vivant et un outil de transmission. Le souscripteur verse des sommes qui augmentent le capital. Il peut soit récupérer ce capital à tout moment, soit le léguer à un souscripteur désigné. L'assurance décès, moyennant le versement de primes, permet, au décès du souscripteur, le versement à sa famille ou à ses proches d'un capital dont le montant est fixé à l'avance. On confond souvent les deux dès lors que l'assurance vie permet aussi la transmission d'un capital en cas de décès.

L'assurance vie, mode d'emploi

Vous ouvrez un contrat d'assurance vie sur lequel vous allez verser des primes (cotisations). Le versement d'un capital est garanti et versé soit à vous-même, soit à la personne que vous aurez désignée. Ce capital correspond aux primes que vous aurez versées et aux intérêts. Vous pourrez, selon votre choix, le récupérer soit sous forme de capital, soit sous forme de rente.

Une fiscalité doublement intéressante

La fiscalité varie en fonction des circonstances qui sont à l'origine de la clôture : il peut s'agir du rachat par l'assuré ou de son décès. Pendant la vie de l'assuré, les gains sont peu taxés, voire pas du tout. Au décès, il n'y a pas d'impôts à payer ou juste des taxations réduites.

Pendant la vie : un bonus au bout de 8 ans

Vous ne payez pas d'impôt sur le revenu pendant la durée du contrat tant que les capitaux restent investis. En revanche, les retraits sont imposés. La fiscalité est fonction de la date du retrait, avant ou après les huit ans de la souscription du contrat :

- **Retrait avant huit ans :** les intérêts acquis sur le capital retiré sont imposables. Vous pouvez choisir entre l'impôt sur le revenu (barème progressif de l'impôt) et le prélèvement libératoire à un taux décroissant en fonction de la durée de détention du contrat (35 % si le rachat est effectué avant les quatre premières années ; entre quatre et huit ans, le prélèvement passe à 15 %). Il faut en plus acquitter les prélèvements sociaux.

- **Retrait après huit ans** : les gains sont imposables après un abattement de 4 600 € (9 200 € pour un couple) à l'impôt sur le revenu ou sur option au prélèvement libératoire de 7,5 %. En pratique, compte tenu de cette taxation avantageuse, les contrats échappent généralement à l'impôt ou supportent une faible imposition. Il faut cependant acquitter les incontournables prélèvements sociaux.

Tableau 9-1 : Assurance vie : option pour le prélèvement libératoire

Retraits	*Taxation*
Avant 4 ans	35 % + prélèvements sociaux
Entre 4 et 8 ans	15 % + prélèvements sociaux
Après 8 ans	7,5 % après abattement de 4 600 € (9 200 € pour un couple) + prélèvements sociaux

Si le retrait intervient suite à une invalidité, un licenciement, une mise en retraite anticipée, une liquidation judiciaire, de l'assuré ou de son conjoint, les revenus sont exonérés d'impôt quelle que soit la durée du contrat.

Vous avez besoin d'argent mais vous ne voulez pas toucher à votre épargne. Demandez une avance à votre assureur, votre épargne ne sera pas entamée et vous ne serez pas imposé sur l'avance.

L'abattement de 4 600 € (9 200 € pour un couple) concerne le foyer fiscal. Si vous effectuez des retraits sur plusieurs contrats, ils seront donc totalisés et s'ils dépassent le montant de ces abattements, ils seront imposables.

La psychose des retraites aidant, la bonne vieille rente viagère est remise au goût du jour. Avec l'assurance vie, vous avez le choix entre une sortie en capital ou en rente. Comment choisir ? Si vous avez besoin d'un revenu complémentaire pour la retraite, alors c'est la rente qu'il vous faut. Mais vous ne pourrez pas transmettre de capital, ce qui est tout bénéfice pour la compagnie d'assurance si vous décédez peu de temps après le versement de la rente. Si vous avez simplement besoin d'avoir un capital sous la main pour y piocher, choisissez le retrait en capital.

Si vous choisissez une sortie en rente, vous percevrez des revenus à vie mais vous perdez votre capital. Une solution peut consister à effectuer des rachats partiels qui supportent une faible fiscalité puisque seuls sont imposés les intérêts et après abattement de 4 600 € (9 200 € pour un couple). Alors que la rente viagère supporte l'impôt sur le revenu et les prélèvements sociaux sur une fraction de leur montant déterminée en fonction de l'âge du souscripteur au moment où il demande le versement de la rente (70 % avant 50 ans, 50 % entre 50 et 59 ans, 40 % entre 60 et 69 ans, 30 % à plus de 69 ans). Moralité, soyez patient : plus la rente est versée tard, plus l'imposition est faible.

Tableau 9-2 : Fraction de rente imposable

Âge	*Montant imposable*	*Abattement*
Moins de 50 ans	70 %	30 %
Entre 50 et 59 ans	50 %	50 %
Entre 60 et 69 ans	40 %	60 %
Plus de 69 ans	30 %	70 %

En cas de décès : un formidable outil de transmission

Le régime fiscal de l'assurance vie en cas de décès en fait un formidable outil de transmission, surtout si l'on s'y prend à l'avance. Si la clôture du contrat fait suite au décès de l'assuré, deux situations sont à distinguer.

- Le contrat a été souscrit avant le 20 novembre 1991 :
  - Versements effectués avant le 13 octobre 1998 : les sommes transmises sont intégralement exonérés.
  - Versements effectués après le 13 octobre 1998 : les sommes versées sont exonérées jusqu'à 152 500 €. Au-delà, les sommes transmises sont taxées au taux de 20 % ou 31,25 % (pour la fraction qui excède 700 000 €).
- Le contrat a été souscrit après le 20 novembre 1991. Il est tenu compte de l'âge de l'assuré au moment des versements (primes) :

- Versements effectués jusqu'à 70 ans : les sommes transmises sont exonérées si les versements ont été effectués avant le 13 octobre 1998. Pour les versements effectués après cette date, les sommes transmises sont exonérées jusqu'à 152 500 €. Au-delà, la taxation est de 20 % ou 31,25 % (au-delà de 700 000 €).
- Versements effectués après 70 ans : les sommes (capitaux seulement) sont taxées aux droits de succession en fonction du lien de parenté après abattement de 30 500 €. Les intérêts sur les versements sont, eux, exonérés. Dans ces conditions, effectuer des versements après 70 ans peut être une bonne stratégie. Si plusieurs bénéficiaires ont été désignés, l'abattement est attribué en fonction des droits de chacun sur le capital reçu.

L'exonération de 152 500 € est appliquée par bénéficiaire, il est donc inutile de souscrire plusieurs contrats pour une même personne. Vous ne multiplierez pas l'exonération par trois.

TRUC

Malgré l'exonération des droits de succession du conjoint survivant, l'assurance vie est utile pour lui transmettre, hors succession, une part d'héritage supérieure à celle à laquelle il a droit. Elle est également utile lorsqu'elle est souscrite au bénéfice des petits-enfants, neveux ou nièces, pour leur éviter une lourde taxation des droits de succession.

Tableau 9-3 : Fiscalité de l'assurance-vie en cas de décès

Souscription du contrat	*Versements faits avant le 13 octobre 1998*	*Versements faits à partir du 13 octobre 1998*
Avant le 20/11/1991	Exonération des capitaux transmis	Taxation de 20 % ou 31,25 % (après abattement de 152 500 €)*
Après le 20/11/1991		
- Primes versées avant 70 ans	Exonération des capitaux transmis	Taxation de 20 % ou 31,25 % (après abattement de 152 500 €)*
- Primes versées après 70 ans par l'assuré	Taxation au droit de succession sur la fraction des primes supérieures à 30 500 €*	Taxation au droit de succession sur la fraction des primes supérieures à 30 500 €*

*Pas de taxation lorsque le bénéficiaire de l'assurance-vie est le conjoint, le partenaire d'un Pacs ou les frères et sœurs sous certaines conditions.

Avantager un concubin

TRUC

Les droits de succession sur les biens que les concubins se lèguent par testament sont de 60 %. Pour avantager un concubin, l'assurance vie est la voie royale… Vous pouvez en effet désigner comme bénéficiaire une personne de votre choix. À votre décès, votre concubin recevra le capital sans impôt, si son montant ne dépasse pas 152 500 €.

ATTENTION !

En cas de primes exagérées dépassant la quotité disponible, les héritiers peuvent démontrer que le contrat avait pour but de léser leurs droits. Quant au fisc, il peut démontrer que le contrat avait pour unique but d'éluder l'impôt et sanctionner l'opération.

Trois idées fausses sur la fiscalité de l'assurance vie

1. **Impossible d'effectuer des retraits avant huit ans.** Une idée trop répandue veut que l'argent soit bloqué huit ans. Pas du tout, simplement, avant huit ans, les retraits sont taxés, ce qui rend plus intéressants les retraits effectués après ce délai.
2. **Une personne étrangère ne peut être désignée comme bénéficiaire.** À condition de respecter les règles de la succession, vous pouvez désigner une personne étrangère.
3. **L'assurance vie n'est soumise à aucun droit de succession.** L'exonération totale (hormis pour les conjoints et les pacsés) appartient au passé. Mais la taxation est tout de même light. Pour les sommes versées avant 70 ans, un abattement de 152 500 € est applicable ; au-delà, la taxation n'est que de 20 % ou 31,25 %. En cas de versement après 70 ans, l'abattement n'est que de 30 500 € et les capitaux supportent les droits de succession.

Livrets, comptes, plans…

L'épargne populaire est en principe exonérée d'impôt sur le revenu. Toutefois, les prélèvements sociaux sont perçus sur certains revenus (CEL, PEL, PEP).

Tableau 9-4 : Les placements exonérés d'impôts

Placements	*Revenus exonérés*
Livret A*	Intérêts
Livret d'épargne populaire (LEP)*	Intérêts + complément de rémunération
Livret de développement durable*	Intérêts
Livret Jeunes*	Intérêts
Livret d'épargne entreprise* ouvert avant 1/1/2014	Intérêts
Compte d'épargne logement (CEL)	Intérêts + prime d'épargne
Plan d'épargne logement (PEL – 12 ans)	Intérêts + prime d'épargne
Plan d'épargne populaire (PEP)**	Après 8 ans : produits + gains

*Ne supportent pas les prélèvements sociaux.

** Le PEP ne peut plus être ouvert.

Les livrets : faites le plein !

Livret : un nom qui évoque l'épargne et auquel chacun est habitué depuis le plus jeune âge. Livret A, Livret jeunes, Livret d'épargne populaire, Livret de développement durable… ce ne sont pas les livrets qui manquent mais tous ne répondent pas aux mêmes conditions pour permettre d'en bénéficier.

Le livret A : incontournable !

Un seul livret peut-être ouvert par personne, le plafond des dépôts étant limité à 22 950 €. Les intérêts des sommes versées sur le livret A sont exonérés d'impôt sur le revenu et des prélèvements sociaux.

Le Livret jeunes : apprendre à épargner net d'impôt

Il est réservé aux jeunes de 12 à 25 ans (un seul par personne). Les versements sont limités à 1 600 € et l'argent peut être retiré à tout moment. Les intérêts ne supportent ni impôt ni prélèvements sociaux. C'est un placement sans risque pour apprendre à épargner.

Le Livret d'épargne populaire (LEP) : à ouvrir d'urgence !

On peut placer jusqu'à 7 700 € sur un LEP. Profitez-en ! Le LEP est ouvert aux seules personnes aux revenus modestes (un par personne, deux pour un couple marié). Le LEP peut se cumuler avec la détention d'un Livret A. Les intérêts sont exonérés d'impôt et de prélèvements sociaux.

Le Livret de développement durable

Les produits des dépôts (plafonnés à 12 000 €) effectués sur un Livret de développement durable sont exonérés d'impôt sur le revenu et de prélèvements sociaux.

Les plans et comptes : choisissez le bon !

Les plans et comptes supposent, hormis certaines exceptions et contrairement aux livrets, que les économies soient indisponibles un certain temps.

Le plan d'épargne entreprise (PEE), un paradis fiscal dans l'entreprise

Son attractivité résulte de l'aide financière (ou *abondement*) de l'entreprise.

Lorsque vous faites un versement sur le plan d'épargne entreprise, votre employeur en fait aussi un. Grâce à cette contribution et aux avantages fiscaux, le rendement du PEE est intéressant. Les gains sont exonérés d'impôt au-delà de cinq ans de détention. Mais les prélèvements sociaux sont dus lors du versement.

Vous pouvez débloquer les fonds sans imposition en cas de mariage, de divorce, de décès du conjoint, de cessation du contrat de travail, d'acquisition ou d'agrandissement de la résidence principale...

Le compte d'épargne logement (CEL) exonéré d'impôt

Un seul compte peut être ouvert par membre du foyer fiscal. Le plafond de versement est limité à 15 300 €. Les intérêts sont exonérés d'impôt sur le revenu mais soumis aux prélèvements sociaux. Si vous avez un projet immobilier, vous avez intérêt à souscrire pour éventuellement emprunter à un taux attractif.

Le plan d'épargne logement (PEL)

Les intérêts d'un PEL de moins de douze ans sont exonérés d'impôt sur le revenu, mais pas des prélèvements sociaux. En revanche, les intérêts d'un plan d'épargne logement de plus de douze ans sont imposables à l'impôt sur le revenu (imposition au barème progressif de l'impôt sur le revenu). Les prélèvements sociaux s'ajoutent.

Seule la prime d'État est exonérée d'impôt quelle que soit la date de son versement, mais elle est soumise aux prélèvements sociaux lors de son dénouement.

Si vous cédez la totalité d'un plan à un enfant, le fisc considère qu'il s'agit d'une donation. L'épargne accumulée peut donc donner lieu au paiement de droits de donation.

Comptes courants bancaires... le geste du fisc

Les intérêts des comptes bancaires rémunérés sont soumis à l'impôt sur le revenu. Les prélèvements sociaux s'ajoutent. Une bonne surprise, ce ne sont pas les intérêts bruts mais les intérêts nets qui sont taxés ; les agios sont en effet déductibles des intérêts.

Épargner plus de 500 000 € sans impôt

Pour stopper la pression fiscale, inutile d'aller chercher dans quelque paradis ce que vous avez à portée de main. Faites le plein des produits clairs et nets d'impôt. Vous les connaissez, pour la plupart, mais vous n'avez certainement pas pensé à l'économie que vous pouvez réaliser en les cumulant. À tout seigneur, tout honneur : il y a d'abord le livret A, mais aussi le livret de développement durable, le plan et le compte d'épargne logement, sans oublier le PEA (plan d'épargne en actions), exonéré d'impôt après cinq ans. Cela représente au final pour un couple une épargne de plus de 500 000 € sans impôt. Pensez-y au lieu des placements plus exotiques et souvent plus risqués. Bien sûr selon le placement, il y a les prélèvements sociaux – c'est le moindre mal.

Préparer la retraite : les bons plans

PERP, Perco, PEE… Cette multitude de régimes s'accompagne d'avantages fiscaux pour réveiller les plus indifférents, plus occupés à assurer le quotidien qu'à se préoccuper de l'épargne à long terme. Il est vrai qu'une certaine insécurité s'est installée, à force d'entendre dire que nos retraites sont en danger et que le seul moyen de nous en sortir est de cotiser à une complémentaire. Ne foncez pas tête baissée, la peur est mauvaise conseillère. Vous devrez choisir en fonction de votre situation personnelle ou professionnelle, des « carottes fiscales », mais aussi sans ignorer l'envers du décor.

Comment choisir ?

La diversité des produits proposés ne facilite pas le choix. Pour vous aider, sachez que si vous êtes fortement imposé, votre préférence ira vers un produit qui permette de déduire les versements de votre revenu imposable (Madelin, Préfon…). Certes, la rente que vous toucherez sera imposable mais, à la retraite, vos revenus auront diminué et supporteront donc une imposition moindre. Si votre objectif n'est pas de diminuer votre impôt sur le revenu, ce qui est le cas si vous n'êtes pas imposable, mais de percevoir une rente non imposable à l'impôt sur le revenu, vous choisirez par exemple le PEA.

PERP, Perco, Madelin, Préfon…

Vous avez l'embarras du choix : le PERP et le Perco sont ouverts à tous, le régime Madelin est destiné aux artisans, industriels, commerçants, professions libérales, et la Préfon aux fonctionnaires. Un point commun à ces régimes : l'épargne est bloquée jusqu'à la retraite.

En souscrivant une épargne retraite, il y a trois points à connaître :

- L'épargne est indisponible, elle est bloquée jusqu'à la retraite, hormis des cas exceptionnels qui diffèrent selon les produits (invalidité, licenciement…).

- La rente versée à la retraite permet de s'assurer des revenus réguliers, elle est versée jusqu'au décès. Sauf exonération expresse, la rente est imposable à l'impôt sur le revenu après abattement de 10 % et aux prélèvements sociaux.
- Les sommes versées sur un PERP ou un Madelin sont déductibles chaque année du revenu imposable (PERP) ou du bénéfice imposable (Madelin).

Le plan d'épargne retraite populaire (PERP)

Les versements sont déductibles du revenu jusqu'à 10 % des revenus professionnels de l'année précédente, retenus dans la limite de huit fois le plafond de la Sécurité sociale de cette même année. La limite des cotisations déductibles figure sur votre déclaration préremplie.

Si vos cotisations sont inférieures à la limite annuelle de déduction, le solde non déduit est reportable sur l'une des trois années suivantes. Un bonus non négligeable… Marié ou pacsé, vous pouvez utiliser le plafond de déduction non utilisé par votre conjoint ou partenaire.

Vous déduisez du revenu imposable les sommes versées sur un Perp, mais n'oubliez pas que la rente à laquelle il donne droit à la retraite est imposable. Si votre choix est fonction de la seule économie fiscale, pour qu'elle soit intéressante, il faut que votre niveau d'imposition alors que vous êtes en activité soit plus important que lorsque vous serez à la retraite. Si vous êtes fortement imposé, le Perp est intéressant.

Le plan d'épargne pour la retraite collectif (Perco), l'épargne entreprise

Le plan d'épargne retraite collectif suppose que l'entreprise ait mis en place un PEE. Contrairement au PEE, les sommes ne peuvent pas être récupérées au bout de cinq ans mais seulement à la retraite. Un avantage appréciable avec le Perco, vous pouvez choisir, une fois à la retraite, le mode de sortie soit en rente, soit en capital. Vous pouvez ainsi récupérer l'intégralité du capital défiscalisé. Ce n'est pas tout : l'« abondement » versé par l'entreprise n'est pas soumis à l'impôt sur le revenu, il supporte juste les prélèvements sociaux. Certes les sommes versées par le salarié ne sont pas déductibles du revenu imposable mais les produits des sommes investies (dividendes, plus-values de cession) sont exonérés d'impôt sur le revenu. Au moment de la sortie, sous forme de capital, vous ne payez pas d'impôt sur le revenu. Tout juste les prélèvements sociaux... Seule la rente viagère est fiscalisée (après abattement en fonction de l'âge).

L'épargne du PERCO est bloquée jusqu'à la retraite. Mais le déblocage est possible avant par exemple pour acheter une résidence principale. Le Perco est d'ailleurs plus souple que le PERP, il prévoit plus de possibilités de sortie anticipée.

Contrats Madelin

Les contrats Madelin concernent les travailleurs indépendants. Les cotisations sont déductibles des revenus professionnels Un inconvénient, l'épargne ne pourra être récupérée avant le départ à la retraite. Mais un déblocage anticipé est possible dans certaines situations (surendettement, décès du conjoint ou du partenaire du Pacs...).

Préfon

Les cotisations sont déductibles, jusqu'à 10 % des revenus professionnels de l'année précédente, retenus dans la limite de huit fois le plafond de la Sécurité sociale de cette même année.

La sortie en capital des Perp et Préfon au moment de la retraite est possible mais dans la limite de 20 % des droits. Le capital est taxé à l'impôt sur le revenu. Mais vous pouvez avoir intérêt à opter pour un prélèvement de 7,5 %.

Assurance vie

L'assurance vie est imbattable pour compléter sa retraite. Après huit ans, les gains sont exonérés à concurrence de 4 600 € (9 200 € pour un couple) ; au-delà, ils sont taxés à 7,5 %.

L'un des autres avantages de l'assurance vie est sa disponibilité : vous pouvez retirer votre épargne à tout moment. Certes, les gains sont imposables à l'occasion d'un retrait mais d'une façon *light*. Vous avez le choix entre l'imposition à l'impôt sur le revenu ou à un taux forfaitaire (35 % pour un rachat avant quatre ans, 15 % entre quatre et huit ans, 7,5 % après 8 ans). Dans les deux cas, s'ajoutent les prélèvements sociaux.

Dix conseils aux épargnants

1. Pensez à l'assurance vie, un véritable petit paradis fiscal qui peut être utilisé comme épargne ou comme outil de transmission.
2. Les contrats d'assurance vie dont le bénéficiaire est le conjoint ou le partenaire d'un Pacs ne sont pas soumis à la taxation de 20 %.
3. Les contrats d'assurance vie en déshérence sont affectés au bout d'un certain temps au fonds de réserve des retraites de l'État. Avis aux bénéficiaires.
4. Pesez bien le pour et le contre avant de choisir entre le prélèvement libératoire ou l'impôt sur le revenu : comparez le taux du prélèvement libératoire au taux marginal de votre impôt (tranche supérieure d'imposition).
5. Pour préparer votre retraite, ne foncez pas tête baissée, comparez les produits proposés et choisissez en fonction de votre situation personnelle et professionnelle.
6. Ne perdez pas de vue qu'un seul Livret A peut être ouvert par personne.
7. Si vous êtes faiblement imposé, ouvrez un LEP, les intérêts sont exonérés d'impôt et de prélèvements.
8. Le PEE est un petit paradis fiscal dans l'entreprise : les produits sont exonérés d'impôt au-delà de cinq ans et vous bénéficiez d'une aide financière de votre entreprise.
9. Vous êtes obligé de débloquer les fonds de votre PEE pour l'achat de votre habitation principale ? Dans ce cas, vous n'êtes pas imposé. C'est un plus !
10. Ne soyez pas effrayés à l'idée de bloquer jusqu'à la retraite vos versements. La vie passe vite, vous serez bien contents de profiter d'un complément de retraite jusqu'à la fin de votre vie. D'autant qu'il existe des cas où le déblocage anticipé est possible.

Le plan d'épargne en actions (PEA)

Il a un atout majeur : les revenus que vous touchez sont exonérés d'impôt sur le revenu, que la sortie se fasse en capital (après 5 ans) ou en rente (après 8 ans). On vous réclamera juste les prélèvements sociaux. Un petit paradis pour la retraite.

La retraite mutualiste du combattant

Elle est uniquement accessible aux anciens combattants et aux victimes de guerre. Comme pour le PERP, les sommes versées sont déductibles du revenu. La rente n'est imposable ni à l'impôt sur le revenu ni aux prélèvements sociaux (dans la limite d'un plafond).

TRUC

Le plafond est indépendant de celui prévu pour le PERP et produits assimilés. Il vous est donc possible de cumuler une déduction au titre de la retraite mutualiste du combattant et une autre au titre du PERP.

Vous avez touché des revenus de capitaux mobiliers

Actions, fonds communs de placement, obligations, Sicav permettent de percevoir des revenus. Quelle taxation leur est appliquée, quels sont les revenus exonérés ? Visite guidée.

Actions, obligations, Sicav

Les revenus des actions, parts sociales, obligations, Sicav, fonds commun de placements sont imposables dans la catégorie des capitaux mobiliers.

Actions

Vous avez acquis une action, c'est-à-dire un titre correspondant à une fraction du capital d'une société de capitaux (Sarl, SA…). En contrepartie de cet investissement, vous percevez un revenu prélevé sur les bénéfices : le dividende.

Les dividendes sont soumis au barème progressif de l'impôt sur le revenu après déduction d'un abattement de 40 % et des frais financiers. La déclaration préremplie mentionne le montant brut encaissé. L'abattement de 40 % sera calculé par l'administration. Mais vous devez indiquer sur la déclaration les frais financiers qui, eux, ne sont pas préremplis par l'administration.

Les banques, trésoreries, centres de CCP, caisses d'épargne ou de Crédit mutuel et autres organismes qui reçoivent en dépôt des valeurs mobilières doivent déclarer l'ouverture et la clôture des comptes de dépôt de titres, valeurs ou espèces au fichier central des comptes bancaires Ficoba.

Obligations

Les intérêts d'obligations sont soumis au barème de l'impôt sur le revenu (plus les prélèvements sociaux).

Si vous avez perçu des intérêts de placements à revenus fixes (obligations, créances, dépôts, bons du Trésor...) n'excédant pas 2 000 € dans l'année, vous pouvez opter pour une imposition forfaitaire de 24 % au lieu de l'imposition au barème forfaitaire. Un choix avantageux si votre taux d'imposition est de 30 %.

Sicav et FCP

Chacun des placements compris dans la Sicav et le FCP (revenus d'obligations, dividendes…) est soumis au régime d'imposition applicable à sa catégorie.

Les revenus ou les plus-values de FCPR (fond commun de placement à risques), sont exonérés d'impôt sur le revenu à condition de conserver les parts pendant cinq ans au moins et de réinvestir les revenus dans le fonds. Le porteur de parts, son conjoint et leurs ascendants et descendants ne doivent pas détenir (directement ou indirectement) plus de 25 % des droits dans les sociétés dont les titres figurent à l'actif du fonds.

Les bons anonymes

Pour vivre heureux, vivons cachés… Ce dicton n'a pas toujours cours en fiscalité. Les bons anonymes ne sont plus aujourd'hui ce qu'ils ont été. Les règles fiscales « revues » depuis 1998 font que l'anonymat est chèrement payé. Pourquoi recourir à l'anonymat ? Pour ne pas être taxé sur une somme d'origine illégale, ou pour ne pas favoriser une personne en toute discrétion. Seul ce dernier cas nous intéresse.

L'anonymat, une discrétion chère payée !

C'est à partir de 1948 que les Français peuvent à nouveau faire des transactions sur l'or et le posséder anonymement… sans impôt. De l'or en barre ! Mais, en 1982, la donne change : les transactions sont imposées et l'anonymat est supprimé. Il est remis en vigueur en 1986. Si l'anonymat est un bon moyen de ne pas révéler l'identité du souscripteur au fisc, il a un défaut : son prix. Le bénéficiaire acquitte un lourd impôt : un prélèvement libératoire de 60 % sur les intérêts engrangés. Plus les prélèvements sociaux et un prélèvement spécial de 2 % sur le montant du nominal par année de détention. Que reste-t-il vraiment ? Cette imposition est beaucoup plus lourde que celle qui est applicable si vous ne choisissez pas l'anonymat. De plus, en cas de contrôle fiscal, il ne sera pas facile de justifier d'une somme par le remboursement de bons anonymes.

Vous avez réalisé des plus-values

Les gains réalisés à l'occasion de la vente de valeurs mobilières (actions, obligations, parts de Sicav, FCP…) sont soumis à l'impôt sur le revenu et aux prélèvements sociaux.

Si vous le pouvez, vendez des titres sur lesquels vous dégagez une moins-value. Les moins-values sont déductibles des plus-values réalisées la même année. Si elles n'ont pas pu être déduites, vous pourrez les reporter sur dix ans.

Comment calculer la plus-value ?

La plus-value est déterminée en déduisant le prix d'acquisition des titres du prix de leur cession. Un bonus : si vous cédez des actions ou des parts de société, vous bénéficierez d'un abattement en fonction de la durée de détention des titres.

La plus-value est déterminée en déduisant du prix de cession le prix d'achat et les frais.

D'une part, le prix de vente des titres est diminué des frais et taxes que vous avez supportés à l'occasion de la cession. Pour les négociations en Bourse, vous pourrez déduire les commissions de négociation, les courtages, l'impôt sur les opérations de Bourse.

D'autre part, le prix d'acquisition du titre est le prix auquel vous l'avez acheté. Vous pourrez ajouter : les frais de courtage, commissions, frais d'actes, honoraires d'expert, droit de mutation pour les titres acquis par voie de donation ou de succession.

N'OUBLIEZ PAS !

Si l'acquisition a été faite par donation ou succession, c'est la valeur retenue pour le calcul des droits de mutation qui est prise en compte.

ATTENTION !

Tant que vous possédez des titres, conservez vos justificatifs. À défaut, le fisc peut estimer que le cours d'achat est égal à zéro. Bonjour la plus-value !

TRUC

Céder des titres sans payer l'impôt sur la plus-value est un luxe… à la portée de tous. Voici comment procéder, en toute légalité bien sûr. Faites à un enfant un « don manuel » que vous enregistrez auprès du service des impôts ou une donation-partage devant notaire. L'enfant va aussitôt revendre les titres. Il réalisera une plus-value pratiquement calculée sur la différence entre l'évaluation figurant dans l'acte de donation et le prix de cession. Autant dire qu'elle risque fort d'être nulle, le prix indiqué dans l'acte étant le prix du cours. Mais il est conseillé de s'adresser à un professionnel pour ce type d'opération.

Allégez la plus-value !

Une fois calculée la plus-value, un abattement est appliqué pour durée de détention sur les cessions d'actions, Sicav, FCP (pas sur les obligations). Plus cette durée est longue, plus l'abattement est intéressant. Il est de 50 % lorsque les actions, parts, droits ou titres sont détenus depuis au moins deux ans. Il est porté à 65 % après huit ans de détention. La durée de détention se calcule de la date de souscription ou d'acquisition des titres, à la date de cession.

La plus-value, après abattement, est imposée au barème progressif de l'impôt sur les revenus.

Le PEA : un paradis !

Le PEA conserve tout son attrait avec la fiscalité galopante. Au bout de cinq ans, les plus-values sont définitivement exonérées d'impôts. Elles supportent juste les incontournables prélèvements sociaux. Un autre avantage, qui par les temps qui courent vaut son pesant d'or : la possibilité d'une sortie en rente viagère en exonération d'impôts, au bout de huit ans. Seuls sont dus les prélèvements sociaux. Et encore, seulement sur une fraction de la rente en fonction de l'âge du bénéficiaire lors de la conversion en rente. De quoi bénéficier d'un appréciable complément de revenus pour la retraite.

Bien sûr, pour bénéficier de ces avantages, il faut être patient… Au bout de 5 ans, c'est le paradis :

- Retrait avant deux ans : taxation des gains au taux de 22,5 %, (plus prélèvements sociaux)
- Retrait entre deux ans et cinq ans : taxation des gains au taux de 19 % (plus prélèvements sociaux)
- Retrait après cinq ans : exonération totale des gains à l'impôt sur le revenu, mais pas des prélèvements sociaux.

Enfin, pour ceux qui seraient tentés de loger toutes leurs économies sur un PEA, il faut savoir que le total des versements est limité à 150 000 € (300 000 € pour un couple). Il y a quand même « de quoi faire »…

TRUC

PEA et financement d'une entreprise : rien à déclarer !

Envie de créer ou de reprendre une entreprise ? Si vous avez un PEA, à condition d'affecter les retraits dans les trois mois à la création ou à la reprise d'une entreprise, vous serez exonéré d'impôt sur le revenu.

TRUC

En utilisant le PEA-PME (plafond 75 000 €), vous bénéficiez des mêmes avantages fiscaux que le PEA.

ATTENTION !

Le PEA n'est pas un outil de transmission. En effet, il faut d'abord clôturer le PEA et régler l'éventuel impôt avant de faire une donation.

Or : un régime qui vaut son pesant or !

Les ventes d'or et de métaux précieux supportent une taxe forfaitaire de 10 % (0,5 % au titre de la CRDS) sur le montant de la transaction. C'est le vendeur qui supporte la taxe.

TRUC

Vous pouvez « zapper » la taxe en optant pour le régime des plus-values sur biens meubles au taux de 19 % auquel s'ajoutent les prélèvements sociaux, avec abattement de 5 % par année de détention au-delà de deux ans. Soit une exonération totale au bout de vingt-deux ans.

Les prélèvements sociaux

Le taux des prélèvements sociaux applicable aux revenus de placements est de 15,5 %.

Au départ, il n'était que de 1,1 %. Mais cela remonte à 1991 ! Son taux n'a cessé de grimper. En 1997, il était de 3,9 %, et en 2004 à plus de 10 %.

Sont exonérés des prélèvements sociaux : livret A, livret d'épargne populaire (LEP), livret de développement durable, livret jeunes, livret d'épargne-entreprise.

Chapitre 10

L'immobilier : une « pierre de taille » fiscale

Dans ce chapitre :

- Acheter un bien immobilier
- Louer nu ou en meublé
- Louer des immeubles anciens
- Faire un investissement locatif
- Vendre aux meilleures conditions
- Réduire ses impôts locaux

La pierre, on y croit dur ! Que ce soit pour y vivre ou pour investir. La première opération est bien sûr l'achat. En direct, ou via une SCI, là est la question… Si vous voulez simplement avoir des revenus immobiliers, votre souci sera d'améliorer le rendement tout en privilégiant la fiscalité la plus avantageuse. Si votre objectif est de défiscaliser, vous choisirez l'immobilier locatif le mieux adapté. Ce n'est pas le choix qui manque… Et lorsque vient le moment de vendre, il vaut mieux connaître les règles qui permettent d'atténuer la taxation ou de bénéficier tout simplement d'une exonération.

Vous achetez

Chacun veut avoir son toit, d'abord pour être chez soi mais aussi pour laisser quelque chose à ses enfants. Il n'est pas étonnant que plus de 60 % des Européens soient propriétaires de leur logement.

TRUC

Bénéficiez pour un logement neuf de l'exonération de la taxe foncière pendant 2 ans ! N'oubliez pas d'adresser au centre des impôts un formulaire H1 n° 6650 (maison individuelle) ou H2 n° 6652 (appartement), que vous trouverez sur www.impots.gouv.fr, dans les 90 jours de l'achèvement.

Une bonne affaire ? Le fisc aligne les prix... et le contribuable

L'administration contrôle les prix et peut estimer que le prix d'un bien est inférieur à sa valeur. Supplément d'impôt à la clé...

L'administration n'est pas d'accord sur le prix

Vous venez d'acquérir une petite maison pour un prix imbattable. Une bonne affaire, les héritiers étant pressés de réaliser la vente. Près de deux ans plus tard, vous recevez une proposition de rectification, le fisc contestant la valeur d'achat de la maison. Il l'estime à un prix bien supérieur et vous réclame les droits de mutation supplémentaires. Cette remise en cause du prix est possible pendant trois ans (jusqu'au 31 décembre de la troisième année suivant l'achat).

TRUC

L'administration doit prouver que le prix payé qui figure dans l'acte d'achat est insuffisant. Mais elle ne peut pas faire n'importe quoi. La proposition de rectification doit indiquer les éléments de comparaison retenus. En clair, doivent figurer les ventes récentes qui seraient similaires à la vôtre.

Ne confondez pas dissimulation et insuffisance de prix

Il y a dissimulation de prix lorsque les parties sont d'accord sur un prix mais décident de minorer le prix dans l'acte. Elle est sanctionnée, outre l'intérêt de retard, par une majoration de 80 % du montant de l'impôt rappelé.

Il y a insuffisance de prix lorsque le prix mentionné dans l'acte est inférieur à la valeur vénale du bien. Généralement, seul l'intérêt de retard est réclamé. Cependant, outre l'intérêt de retard, l'insuffisance, si elle est délibérée, peut-être sanctionnée par une majoration de 40 % du montant de l'impôt rappelé, portée à 80 % en cas de manœuvres frauduleuses.

Défendez-vous !

Contestez le redressement et, si le service maintient sa position, saisissez la commission départementale de conciliation. La commission est composée d'un magistrat, de quatre représentants de l'administration, d'un notaire et de trois représentants des contribuables.

Dix conseils pour contester une évaluation

1. Respectez le délai de réponse qui court à compter de la réception de la proposition de rectification.
2. Allez voir sur place les biens similaires au vôtre cités par l'administration. Prenez des photos. Notez les points de comparaison (standing, environnement, vétusté, mauvais entretien...).
3. Notez tous les défauts de votre bien (ancienneté, travaux à faire, proximité d'une voie ferrée...).
4. Recherchez les ventes dont le prix est inférieur au vôtre (annonces, agent immobilier, sites internet).
5. S'il le faut, n'hésitez pas à faire appel à un expert immobilier.
6. Prenez rendez-vous avec l'agent qui a rédigé la proposition de rectification en lui indiquant que vous avez réuni des éléments sérieux de discussion.
7. Lors du rendez-vous, mettez votre agressivité et vos préjugés de côté. Partez du principe, surtout en ce domaine, qu'il s'agit d'une discussion, que l'agent a établi son redressement d'une façon « administrative » et qu'il est prêt à tenir compte des arguments justifiés qu'il ignorait. Lorsqu'il s'agit d'évaluation, l'administration est prête à revoir ses chiffres, à condition que vous ayez des arguments.
8. Même si vous êtes rassuré après cette entrevue avec l'inspecteur, répondez par écrit à la proposition de rectification en adressant les copies des justificatifs.
9. Vous êtes « juste » pour répondre dans les délais ? Demandez une prorogation du délai de réponse.
10. L'inspecteur maintient ses redressements ? Saisissez la commission départementale de conciliation.

Mille et une raisons d'acheter via une SCI

Née le 8 mars 1804, la *société civile immobilière* (SCI) qui permet d'être propriétaire à plusieurs d'un bien immobilier a véritablement connu son essor vers les années 1960. Outil de gestion patrimoniale, elle est aujourd'hui un véritable phénomène.

Pour transmettre...

Une succession non anticipée entraîne souvent l'indivision avec toutes les difficultés et les conflits qui peuvent en découler. La SCI permet d'organiser sa succession en faisant des donations-partages successives bénéficiant de l'abattement de 100 000 € (réactualisé chaque année) tous les 15 ans.

Vous créez une SCI. Elle va emprunter pour acquérir un immeuble. Vous donnez vos parts en nue-propriété à vos enfants pour une valeur nulle (l'actif de la SCI étant réduit du passif représenté par l'emprunt). Au fur et à mesure des années, les parts vont prendre de la valeur du fait du remboursement de l'emprunt. Mais fiscalement, cette augmentation n'aura aucune influence sur la cession des parts à vos enfants, dès lors que la transmission a été effectuée sur une valeur nulle. Mais prenez conseil auprès d'un professionnel pour éviter tout risque fiscal d'abus de droit. Si vous aviez acheté l'immeuble en direct, la transmission aurait subi une taxation sur la totalité de l'immeuble (le prêt ne venant pas en diminution).

Pour acheter sans être marié

Acheter un bien en commun sans être marié comporte les risques de l'indivision qui surgissent si les choses se gâtent ou tout simplement en cas de décès. Vivant en concubinage, vous avez tout intérêt à constituer une SCI avec votre concubin. Au décès de l'un, l'autre pourra racheter les parts moyennant un droit de mutation sur la valeur des parts transmises au lieu des droits de succession de 60 %. L'avantage est particulièrement substantiel.

Souvent, les concubins mentionnent dans l'acte d'achat que le bien est payé par un prêt souscrit en commun. Mais en réalité un seul rembourse le prêt. Si les concubins restent toujours ensemble et si le fisc ne met pas son nez dans le dossier, tout peut bien se passer. Dans le cas contraire, c'est la porte ouverte à de mauvaises surprises. Le fisc peut taxer à 60 % les sommes payées par un concubin à la place de l'autre comme une donation déguisée. Sans compter qu'en cas de séparation celui qui a tout payé peut demander à l'autre le paiement de ce qu'il a payé à sa place. Deux épées de Damoclès...

Le truc de l'achat croisé pour les concubins

Vous créez avec votre concubin une société civile immobilière dans laquelle chacun détient un nombre de parts correspondant à son apport. Ultérieurement, chacun fait donation à l'autre de l'usufruit de ses parts, en réglant les droits de donation. Au décès de l'un d'eux, le survivant reprend l'usufruit des parts qu'il avait donné. Au final, il aura donc la totalité de l'usufruit des parts et la nue-propriété de ses parts, sans payer de droits. Les héritiers auront seulement la nue-propriété des parts du défunt, ce qui permettra au survivant de ne pas être en indivision.

Pour acheter en famille

Vous achetez un bien en démembrement : vos parents ont l'usufruit, vous et votre frère, la nue-propriété. Tous les deux, vous remboursez une partie de l'emprunt. Jusque-là, tout va bien. Vous n'entendez pas parler du fisc. Au décès de votre père, l'administration peut estimer que vous avez bénéficié d'une donation déguisée. Pour éviter ce piège, conservez toutes les pièces justificatives justifiant que c'est bien vous qui avez financé le bien et non vos parents.

Si vous achetez votre résidence principale au nom de vos enfants, vous risquez un redressement pour avoir voulu échapper aux droits de succession. Il vaut mieux acheter à votre nom, puis en faire par la suite donation à vos enfants, d'autant plus que l'abattement dans ce cas permet d'échapper à une bonne partie des droits.

Comment déclarer les revenus d'une SCI ?

Les revenus de la SCI ne sont pas imposables au nom de la société mais au nom de chaque associé. Le résultat de la société est déterminé suivant les règles applicables aux revenus fonciers. La SCI souscrit chaque année une déclaration (imprimé n° 2072) sur laquelle elle récapitule l'ensemble des recettes et des charges de la société. Cette déclaration mentionne également la quote-part revenant à chaque associé en fonction du nombre de ses parts dans la société.

Ce montant est à déclarer par l'associé, s'il relève du bénéfice réel sur une déclaration n° 2044 puis sur la déclaration d'ensemble des revenus (n° 2042). Mais si vous n'avez pas d'autres revenus fonciers, vous pouvez inscrire directement la quote-part du bénéfice ou du déficit sur votre déclaration d'ensemble des revenus n° 2042. Vous indiquerez alors dans une simple lettre, le nom et l'adresse de la société.

Si vous êtes soumis au régime micro-foncier, portez directement les recettes brutes sur la déclaration d'ensemble des revenus(n° 2042).

ATTENTION !

Un propriétaire qui a l'intention d'effectuer des travaux dans son habitation principale l'apporte à une SCI. La SCI lui loue le logement et, en contrepartie, déduit les travaux. Il en résulte un déficit. Dans ce cas, le fisc n'est pas dupe et peut brandir l'« abus de droit ». Gare aux montages ayant pour but de réaliser des déficits fonciers !

ATTENTION !

Il est fréquent qu'une SCI mette un local à la disposition de ses associés. Si ce local est affecté à l'habitation, cette mise à disposition gratuite n'est pas imposable, elle n'a pas à être déclarée. En revanche, les charges afférentes aux logements mis gratuitement à la disposition des associés ne sont pas déductibles (intérêts des emprunts pour l'acquisition, grosses réparations, dépenses de ravalement...).

TRUC

La SCI peut opter pour l'impôt sur les sociétés. L'option peut se révéler très avantageuse. Elle permet en effet de déduire les frais engagés lors de l'acquisition (frais de notaire, droits d'enregistrement…), d'amortir la construction, les agrandissements et toute autre construction ultérieure, ce qui veut dire que les frais de construction seront déduits chaque année entre 2 à 4 %. Autre intérêt, les associés sont imposés à l'impôt sur le revenu après abattement de 40 % uniquement sur les sommes effectivement encaissées à titre de dividendes. Si vous avez des revenus importants, l'option de la SCI à l'impôt sur les sociétés est à privilégier.

- Pensez à la revente. Si vous envisagez de vendre l'immeuble, il faut vous assurer que la plus-value professionnelle ne vous fasse pas perdre, au moment de la vente, ce que vous avez gagné chaque année sur l'impôt.

ATTENTION !

L'option est irrévocable. Une SCI qui a opté pour l'impôt sur les sociétés ne peut plus revenir à l'imposition sur le revenu.

Exonération de l'habitation principale détenue via une SCI

La cession de l'immeuble appartenant à une société civile immobilière et occupé à titre gratuit par un associé en tant que résidence principale bénéficie de l'exonération de l'habitation principale. Si ce n'est pas l'immeuble qui est cédé mais les parts, l'associé d'une SCI bénéficie également de l'exonération de la plus-value réalisée à l'occasion de la cession de ses parts. Dans les deux cas, l'associé bénéficie de l'exonération mais uniquement s'il ne verse aucun loyer. Le fisc, même avec un loyer symbolique, refusera l'exonération, car la location n'est pas compatible avec le statut de propriétaire occupant.

Vous louez un local nu (non meublé)

Il ne suffit plus de louer, comme au bon vieux temps, pour devenir rentier. Aujourd'hui le loueur d'un local, qu'il soit nu ou meublé, est un véritable gestionnaire qui doit s'adapter à de nouvelles obligations mais aussi choisir le meilleur régime fiscal.

Le b.a.-ba

Les loyers sont imposables après déduction des charges afférentes à l'immeuble. Si les charges sont supérieures aux loyers, le déficit est déductible du revenu global dans certaines limites.

Loyer encaissé, loyer imposé

Le principe est simple : toutes les sommes perçues du locataire dans l'année sont à déclarer. Qu'importe si elles concernent d'autres années (loyers perçus d'avance et arriérés de loyers).

Vous n'avez pas à déclarer un loyer non perçu pour une raison indépendante de votre volonté (refus du locataire de payer les loyers, locataire parti sans payer ses loyers). Cependant vous devrez, si l'administration vous le demande, justifier que vous avez tout mis en œuvre pour être payé (recours à un huissier, action en justice…).

Toutes les recettes doivent être déclarées, les loyers bien sûr, mais aussi les compléments de loyer et les recettes accessoires :

- Les recettes accessoires : droit d'affichage, droit de pêche ou droit de chasse, droits d'exploitation des carrières...
- Les sommes reçues à titre de pas-de-porte ou de droit d'entrée
- Les avantages en nature : loyer payé sous forme de travail…
- Les dépenses mises par le bail à la charge des locataires : taxe foncière et taxe annexe...

Vous ne devez pas déclarer le dépôt de garantie l'année de sa perception. À l'expiration du bail, vous devez néanmoins déclarer uniquement la fraction du dépôt de garantie que vous ne restituez pas à votre locataire (par suite de dégradations, d'impayés…).

On vous offre un crédit d'impôt égal à 38 % de la prime d'assurance que vous payez pour vous protéger contre les loyers impayés. Il doit s'agir d'un logement pour lequel une convention a été signée avec l'État pour donner droit à l'aide personnalisée au logement (APL). Vous pouvez même choisir au mieux de vos intérêts, soit la déduction de la prime des revenus fonciers, soit le crédit d'impôt.

Trop de bonté ne paie pas… Vous abandonnez, pour des raisons personnelles, des loyers dus par votre locataire. Le fisc peut voir cet acte de générosité d'un mauvais œil et le taxer au titre de l'« abandon de loyer » que vous avez renoncé à réclamer.

Si vous mettez votre appartement à la disposition d'un ami, il vaut mieux le mettre gratuitement à sa disposition plutôt que de faire un bail avec un loyer très faible. Dans ce cas, l'administration pourrait réévaluer le loyer (l'imposer sur un montant supérieur). Si, en remerciement de la location gratuite, vous recevez une contrepartie, le fisc considère alors que la location n'est plus gratuite.

Le système du quotient pour réduire l'impôt

Les locataires ne sont pas toujours bon payeurs. Il se peut que vous perceviez d'importants loyers arriérés en une seule fois. Ou encore que vous ayez perçu d'un nouveau locataire une somme à titre de droit d'entrée, de pas-de-porte, de droit de bail, de promesse de bail. Pour atténuer l'imposition, vous pouvez sous certaines conditions demander à bénéficier du système du quotient. Ce système atténue en effet la progressivité de l'impôt. À condition de ne pas être imposé dans les plus hautes tranches du barème, vous pourrez faire une économie d'impôt intéressante. Pour bénéficier du quotient, vous devez formuler une demande dans la déclaration de revenus en remplissant la rubrique prévue. Toutefois, si vous n'avez pas fait cette demande, vous pourrez toujours faire une réclamation au service des impôts après avoir lu ce conseil. Mais ne tardez pas, afin de respecter le délai de réclamation.

Qui est imposable ?

C'est le propriétaire de l'immeuble qui est imposable. Mais il est des situations ou les choses ne sont pas si simples…

Lorsque le bien loué est en copropriété, chaque copropriétaire est imposable sur les revenus correspondant à sa part dans l'indivision. Chacun indique sur sa déclaration la fraction des loyers et des charges correspondant à ses droits. Le règlement de toutes les dépenses ou l'encaissement de toutes les recettes par un seul copropriétaire n'a aucune incidence.

Si le bien est démembré entre l'usufruitier et le nu-propriétaire, c'est l'usufruitier qui perçoit les loyers, c'est donc lui qui est imposable. En contrepartie, il peut déduire les charges payées, même les grosses réparations incombant au nu-propriétaire dès lors qu'il les a supportées. Quant au nu-propriétaire, il ne perçoit pas de loyers et n'a donc rien à déclarer. Mais il peut déduire les dépenses de grosses réparations qu'il a payées (réparation des gros murs, des planchers, rétablissement des toitures, les intérêts des emprunts contractés pour l'acquisition de la nue-propriété).

ATTENTION !

Si l'usufruitier « laisse » les loyers au nu-propriétaire, il est imposé sur les loyers dans la catégorie des revenus fonciers et le nu-propriétaire est lui aussi imposé mais dans la catégorie des BNC. Coup double !

Le bail à construction prévoit le retour gratuit des constructions au bailleur en fin de bail. À l'expiration du bail, le prix de revient des constructions est un revenu foncier imposable.

Les associés d'une société civile immobilière sont personnellement imposés au titre des revenus fonciers sur la quote-part des bénéfices correspondant à leurs droits dans la société. Chaque associé peut en outre déduire les charges qu'il a personnellement supportées (intérêts d'emprunt pour acquérir les parts...).

TRUC

Une astuce pour gommer la taxe foncière !

Vous n'arrivez pas à louer un logement. Et en plus vous devez payer la taxe foncière. Une situation difficile. Heureusement, j'ai pour vous une astuce, légale bien sûr ! Demandez le dégrèvement de la taxe foncière pour la période de vacance, si le bien n'a pas été loué pendant au moins trois mois. Il faut que la vacance soit indépendante de votre volonté, que vous ayez fait les démarches pour mettre le bien en location. Justifiez cette condition (annonces immobilières, etc.).

Le régime réel d'imposition

Le régime réel s'applique dès que les loyers encaissés dans l'année dépassent 15 000 €.

N'OUBLIEZ PAS !

Vous pouvez opter (par simple dépôt de la déclaration de revenus fonciers n° 2044) pour le régime du réel si les recettes n'excèdent pas 15 000 €. L'option est valable pour trois ans et se renouvelle tacitement d'année en année. Cocktail interdit : il n'est pas possible d'opter pour le « réel » pour certains immeubles et de rester au micro pour d'autres.

Les charges déductibles

Les charges doivent avoir été engagées en vue de l'acquisition ou de la conservation du revenu, et payées par le propriétaire au cours de l'année d'imposition. Il s'agit des frais de gestion, des dépenses d'amélioration, des travaux d'entretien et de réparation, des impôts, des intérêts d'emprunt :

- **Les frais de gestion :** ce sont les frais nécessités par la gestion et l'administration, soit un forfait de 20 € par an par logement qui couvre les frais de téléphone, de fournitures de bureau, de courrier ; les frais de rémunération de gardes ou des concierges ; les frais de procédure (frais de procès avec le locataire, recouvrement d'impayé…) ; les frais de gérance (rémunération de l'agent immobilier, honoraires pour rédaction de déclarations fiscales, tenue de comptabilité, honoraires d'architectes…) ; les primes d'assurance, quel que soit le risque couvert (pas celles incombant au locataire).
- **Les dépenses d'amélioration :** elles correspondent aux dépenses qui apportent un élément de confort nouveau ou mieux adapté à la vie moderne, sans modifier la structure de l'immeuble : installation d'un téléphone, dispositif de sécurité, antenne collective de télévision, installation d'équipements pour personnes âgées…
- **Les travaux d'entretien et de réparation :** c'est-à-dire les dépenses qui ont pour objet de maintenir un immeuble en bon état. Elles ne doivent pas modifier l'agencement initial. En effet, tous les travaux de reconstruction ou d'augmentation de la surface de la valeur habitable ou de gros œuvre ne sont pas déductibles. Sont donc concernés : le ravalement des gros murs, les réparations de cheminée, la réfection des peintures, le traitement des bois, le remplacement des appareils sanitaires, la remise en état des toitures, le remplacement de la chaudière, les frais de débroussaillement…

ATTENTION !

Les travaux d'agrandissement et de reconstruction ne sont pas déductibles.

- **Les impôts :** sont déductibles la taxe foncière et les taxes annexes à cet impôt, ainsi que la taxe annuelle sur les bureaux en Île-de-France. La taxe d'habitation, les taxes d'enlèvement d'ordures ménagères ne sont pas déductibles. Ces taxes sont en effet dues par le locataire (et non par le propriétaire).
- **Les intérêts des emprunts** (également les intérêts de retard de paiement d'échéance) : contractés pour l'acquisition, la construction, la réparation ou l'amélioration du local, ils sont intégralement déductibles des revenus fonciers. De même sont déductibles les frais d'emprunt (frais d'inscription hypothécaire, de constitution de dossier, prime de contrat d'assurance vie en garantie de l'emprunt).

Si vous le pouvez, faites vos travaux sur deux années. Ainsi, vous imputerez le déficit sur deux années. Le barème étant progressif, vous pourrez peut-être voir votre revenu taxé à la tranche inférieure.

Si vous êtes propriétaire et que vous installez une cuisine équipée dans un logement qui en était dépourvu, vous pouvez déduire cette acquisition des revenus fonciers, y compris les équipements ménagers et électroménagers intégrés. Il faut toutefois que le bail prévoie la mise à disposition de ces éléments dans le bail.

Le propriétaire de logements conventionnés et dont le locataire bénéfiaire de l'APL ayant souscrit une assurance contre les loyers impayés bénéficie d'un crédit d'impôt de 38 % de la prime payée. Il peut opter pour la solution la plus intéressante : soit le crédit d'impôt, soit la déduction des revenus fonciers. Il ne peut donc cumuler ces avantages, mais il peut, d'une année sur l'autre, changer d'option.

Déduire les charges avant de louer

Le logement est vétuste et, dans ces conditions, vous avez bien du mal à trouver un locataire.

Un bon coup de peinture et le nettoyage du sol vont redonner vie à votre deux pièces. Ces dépenses, comme celles engagées pour permettre l'entrée des locataires, sont déductibles. Il est utile de joindre une note à la déclaration en précisant l'absence de location au cours de l'année et en indiquant que le logement est en cours de rénovation. Vous devez louer le logement dès que les travaux de remise en état sont terminés. Ce qui suppose que vous fassiez diligence pour trouver un locataire. Si, malgré tout, vous ne trouvez aucun locataire, à condition de justifier des diligences accomplies (petites annonces...) pour louer le bien, les dépenses sont déductibles et le déficit foncier en résultant est imputable selon les règles propres aux revenus fonciers.

Comment imputer le déficit foncier ?

Vous avez réalisé d'importants travaux ou encore acheté votre bien à crédit. Au final, les charges dépassent alors les loyers. Vous dégagez donc un déficit foncier. Le déficit qui résulte des charges (à l'exception des intérêts d'emprunt) s'impute sur le revenu global jusqu'à 10 700 €. Si le revenu global ne suffit pas à absorber le déficit, l'excédent est imputable sur le revenu global des six années suivantes. La fraction du déficit supérieure à 10 700 € et celle correspondant aux intérêts d'emprunt sont imputables uniquement sur les revenus fonciers des dix années suivantes.

Exemple :

Recettes brutes : 2 000 €

Frais divers : 3 800 €

Intérêts d'emprunt : 6 000 €

Déficit : 7 800 €

Ce déficit provient, à hauteur de 4 000 €, des intérêts d'emprunt (6 000 € d'intérêts - 2 000 € de revenus bruts) et à hauteur de 3 800 € des autres charges.

Le déficit de 3 800 € est imputable en totalité sur le revenu global.

Le solde du déficit (7 800 - 3 800), soit 4 000 €, est imputable sur le revenu foncier des dix années suivantes.

Si vous déduisez le déficit foncier de votre revenu global, vous devez louer le bien durant les trois années suivantes.

Avoir un gros déficit la même année n'est pas souvent utile, puisque vous ne pourrez déduire que 10 700 € de votre revenu global. D'où l'intérêt de ne pas faire tous les travaux la même année, mais de les étaler, sur deux ans, pour pouvoir déduire du revenu global deux fois 10 700 €.

Le microfoncier, un régime « clés en main »

Micro, micro, pas si petit… il concerne bon nombre de contribuables.

Le « petit » loueur se contente d'encaisser et il a horreur de la paperasserie. C'est certainement ce qui explique le succès du *microfoncier*, régime simplifié. Simple comme bonjour : vous déclarez vos recettes sur la déclaration du revenu, le fisc applique un abattement de 30 %.

15 000 €, pas plus…

Le microfoncier est le régime applicable de plein droit à ceux qui perçoivent des loyers qui n'excèdent pas 15 000 €. Cette limite s'apprécie en tenant compte de tous les loyers perçus par les membres du foyer fiscal. Un plus : la limite d'application du microfoncier n'a pas à être ajustée au prorata du temps de location, lorsque celle-ci a débuté en cours d'année. Dès lors que vous avez perçu des loyers qui n'ont pas dépassé 15 000 € dans l'année, vous êtes d'office sous le régime du microfoncier.

Le microfoncier ne s'applique pas lorsque le contribuable ou un membre du foyer fiscal est propriétaire (directement ou via une SCI ou SCPI) d'un monument historique donné en location ou de biens placés sous des régimes spécifiques Robien, Borloo… De même, lorsqu'un bien est loué par le biais d'une S.C.I. Toutefois, le micro-foncier est compatible avec les réductions d'impôt Duflot, Malraux, Scellier (sauf ZRR et intermédiare).

N'OUBLIEZ PAS !

Vous pouvez renoncer au régime du microfoncier et demander que vos revenus fonciers soient déterminés selon les règles du régime réel des revenus fonciers.

Loyers : choisir le meilleur régime

La fiscalité oblige souvent à faire un choix, à opter pour un régime. Pris par le temps et aussi pour ne pas « se casser la tête », le contribuable s'interroge. Puis, lorsqu'il faut remplir la déclaration, il finit par choisir la facilité. Mais, dans ce domaine, simplicité rime rarement avec économie d'impôts.

Le bailleur dont les loyers n'excèdent pas 15 000 € doit se poser la question : régime du microfoncier ou régime du réel ? En clair, le choix entre un régime « ultra-simple » et un régime un peu plus compliqué.

Pratique, le micro ! Il s'applique au contribuable dont les loyers n'excèdent pas 15 000 €. Il suffit de mentionner sur la déclaration d'ensemble des revenus le montant des loyers, sans autre formalisme. Pas de déclaration des revenus fonciers à souscrire. L'administration applique automatiquement un abattement forfaitaire de 30 % correspondant aux charges. En clair, vous êtes imposé sur 70 % des loyers.

Vous pouvez renoncer au régime du microfoncier et opter pour le régime du réel des revenus fonciers. Il faut alors souscrire une déclaration pour le régime réel (imprimé 2044). Quand avez-vous intérêt à exercer cette option ? Ce régime prend en compte l'intégralité des charges. Vous avez donc intérêt à opter lorsque les frais sont supérieurs à l'abattement de 30 %. Le calcul est facile, il suffit de totaliser les charges déductibles. L'année où des travaux ont été effectués, ou encore si le bien loué a été financé par un emprunt, il y a de fortes chances que vous ayez intérêt à choisir le régime du réel.

Exemple : les loyers sont de 13 000 €, les intérêts d'emprunt sont de 6 000 €, et les charges s'élèvent à 3 000 €. Au final, le revenu selon le régime réel est de 4 000 €. Alors que, imposé selon le micro, il s'élèverait à un montant supérieur, soit 9 100 € (13 000-3 900 € d'abattement). Sans oublier que si les intérêts excèdent les loyers, ils sont imputables sur le revenu foncier des dix années suivantes. Quant aux autres travaux et charges qui n'ont pu être imputés, ils sont déductibles du revenu global dans la limite annuelle de 10 700 €.

Pour profiter des avantages du micro et des avantages du régime réel, vous pouvez passer d'un régime à un autre. L'option pour le réel est valable trois ans, pendant lesquels elle est irrévocable. Passé ce délai, et si e crédit est amorti, pourquoi ne pas retourner au micro et bénéficier de l'abattement forfaitaire ? Mais n'abusez pas trop, car le fisc pourrait s'interroger…

Vous louez en meublé

En tant que particulier, vous louez un studio ou un appartement en meublé (garni de meubles) ; cette activité doit être déclarée dans la catégorie des bénéfices industriels et commerciaux (BIC) et non des revenus fonciers.

Loueur amateur ou professionnel ?

La loi distingue le loueur non professionnel du loueur professionnel. Si les loyers perçus par chacun sont des bénéfices industriels et commerciaux et s'ils sont soumis aux mêmes obligations, le régime fiscal des loueurs professionnels bénéficie d'une fiscalité plus favorable.

Comment distinguer le loueur professionnel ?

Est considéré comme loueur en meublé professionnel celui qui est inscrit au registre du commerce en qualité de loueur professionnel et dont les recettes excèdent 23 000 € et le total des autres revenus professionnels. Ces conditions s'apprécient au niveau du foyer fiscal.

Louez une pièce de votre habitation sans payer d'impôt

Besoin d'un complément de revenus ? Pourquoi ne pas louer ou sous-louer en meublé une ou plusieurs pièces de votre habitation principale ? Le loyer que vous recevez est exonéré d'impôt sur le revenu, à condition que la location constitue la résidence principale du locataire ou du sous-locataire et que le loyer demeure fixé dans des limites « raisonnables » (le loyer annuel pour 2015 ne doit pas dépasser 184 € par mètre carré en Île-de-France et 135 € dans les autres régions). Autre bonus, non négligeable, vous ne paierez pas de contribution économique territoriale.

NOUVEAUTÉ ! 2016

À compter du 1er janvier 2016, la location ou la sous-location d'une partie de votre résidence principale à un salarié saisonnier est exonérée d'impôt sur le revenu, à condition que cette location constitue la résidence temporaire du locataire ou sous-locataire et que le loyer ne dépasse pas certains montants.

Deux régimes d'imposition

Le loueur en meublé professionnel ou non est imposé, en fonction du chiffre d'affaires, selon le régime du *micro-BIC* ou du *réel.*

Bénéficiez des atouts du régime du « micro-BIC »

Les recettes annuelles ne doivent pas dépasser le seuil pour bénéficier du micro-BIC. Régime attractif puisque vous bénéficiez d'un abattement de 50 % ou 71 % (voir chapitre 7) censé couvrir vos charges. Il suffit de mentionner les loyers perçus sur la déclaration de revenus. Le fisc appliquera automatiquement l'abattement. Simplicité garantie.

Vous pouvez renoncer au micro et opter pour le régime réel d'imposition afin de déduire le montant réel des charges supportées. Si vous êtes soumis au régime de la microentreprise, vous ne pouvez pas constater un déficit (le bénéfice étant déterminé par application d'un abattement aux recettes). Dès lors que vous avez un déficit important, vous aurez intérêt à opter pour le régime du réel simplifié.

Location saisonnière : un impôt « light »

Vous donnez une maison en location pour les vacances, et vous vous interrogez sur l'imposition des revenus tirés de cette location. Les loyers sont à déclarer comme des bénéfices industriels et commerciaux et non comme des revenus fonciers. Il s'agit en effet d'une location meublée. Lorsque les loyers n'excèdent pas un seuil (voir chapitre 7), le régime applicable est celui du micro-BIC. Une aubaine ! Un abattement de 50 % sur les loyers est appliqué. Il est censé représenter les frais, même si, en réalité, ils sont inférieurs à ce montant.

Le régime du réel

Si vos loyers dépassent le seuil pour bénéficier du micro-BIC (voir chapitre 7) ou si vous avez opté pour le régime réel d'imposition, vous êtes soumis au régime du réel. Vous pourrez alors déduire la totalité des frais pour acquérir ou conserver vos loyers : travaux d'entretien ou de réparation à l'exception des travaux de construction ; impôts (taxe foncière...) ; frais de gestion (intérêts d'emprunt, assurance). Vous pourrez également amortir vos biens en fonction de leur durée d'utilisation. Ainsi, pour un bien dont la durée d'utilisation est de trente-trois ans, vous déduirez un amortissement de 3 % par an.

Loueur professionnel : jackpot fiscal

Le loueur en meublé professionnel est imposable dans la même catégorie et selon les mêmes régimes que le loueur en meublé non professionnel. Mais il bénéficie d'un régime beaucoup plus favorable en ce qui concerne l'imputation des déficits et la taxation des plus-values. Et ce n'est pas tout...

Le déficit déductible du revenu...

La location en meublé professionnel est une activité commerciale. Les revenus qu'elle procure sont donc des bénéfices industriels et commerciaux (BIC) et non des revenus fonciers. Là est l'astuce. Si vous êtes loueur en meublé professionnel, vous pourrez déduire le déficit de votre activité du revenu global sans limitation, que ce déficit provienne des travaux d'entretien, de réparation ou d'amélioration, mais aussi des intérêts de crédit.

Pas d'ISF...

Autre avantage, les biens immobiliers donnés en location en meublé professionnel sont exonérés de l'ISF s'il s'agit de l'activité principale du foyer fiscal.

Une plus-value nette d'impôt...

La plus-value d'une location professionnelle, quel que soit le régime d'imposition, est exonérée à condition que l'activité soit exercée pendant cinq ans au moins et que les recettes annuelles n'excèdent pas 90 000 €. Entre 90 000 € et 126 000 €, l'exonération est partielle.

Des droits de succession réduits...

Là encore, le régime est particulièrement favorable. La loi Dutreuil accorde sous certaines conditions un abattement de 75 % sur les biens professionnels transmis.

Loueur non professionnel

Le loueur en meublé non professionnel bénéficie d'avantages moins intéressants que le loueur professionnel. Notamment, le déficit n'est pas imputable sur le revenu global, mais uniquement sur les bénéfices de même nature des dix années suivantes.

TRUC

L'acquisition d'un logement neuf (ou achevé depuis au moins quinze ans et ayant fait l'objet d'une réhabilitation permettant de satisfaire aux conditions de performances techniques) destiné à la location meublée, situé dans une résidence pour personnes âgées, de tourisme classée ou étudiante, donne droit à une réduction d'impôts égale à 11 % du prix du logement, plafonné à 300 000 €. À condition de s'engager à louer le logement pendant au moins neuf ans à l'exploitant de la résidence.

Vous logez votre enfant

Pour aider leur descendance, parents ou grands-parents mettent un appartement à la disposition de leurs enfants ou petits-enfants. Il est bon de laisser parler son cœur mais aussi d'avoir toujours le réflexe fiscal… Vous avez parfaitement le droit de loger gratuitement votre enfant mais vous ne pourrez néanmoins pas déduire les charges et les intérêts d'emprunt, faute de revenus imposables.

Immeubles anciens et charme fiscal

Acheter un bien pour le louer et défiscaliser, c'est l'objectif notamment des fameux investissements locatifs. Visite guidée dans les hauts lieux de la défiscalisation.

Loi Malraux : le charme fiscal des beaux quartiers

Les propriétaires de locaux d'habitation ou affectés à un usage professionnel bénéficient d'une réduction d'impôt sur les dépenses de restauration complète de l'immeuble dans le cadre du dispositif Malraux. Le propriétaire doit prendre l'engagement de louer le bien pendant neuf ans.

Les dépenses effectuées à partir de la délivrance du permis de construire, jusqu'au 31 décembre de la troisième année suivante donnent droit à une réduction d'impôt. Elles sont retenues dans la limite annuelle de 100 000 €. La réduction d'impôt est de :

- 22 % si le bien est situé dans une zone de protection du patrimoine architectural urbain et paysager(ZPPAUP) ;
- 30 %, si l'immeuble est situé en secteur sauvegardé ou dans un quartier ancien dégradé.

TRUC

Lorsque vous souhaitez revendre le bien, les travaux ayant donné droit à la réduction d'impôt ne seront pas retenus pour déterminer le prix de revient. Ce qui augmentera d'autant la plus-value. Vous avez donc intérêt à conserver le bien le plus longtemps possible pour bénéficier « à plein » des abattements pour durée de détention.

NOUVEAUTÉ ! 2016

La réduction d'impôt de 30 % est étendue, à compter du 1er janvier 2016, aux dépenses de restauration complète d'un immeuble situé dans un quartier présentant une concentration élevée d'habitat ancien dégradé faisant l'objet d'une convention pluriannuelle prévue par la loi d'orientation et de programmation pour la ville et la rénovation urbaine, lorsque la restauration a été déclarée d'utilité publique.

Monuments historiques

La sauvegarde du patrimoine français vaut bien un coup de pouce. Pour profiter d'avantages fiscaux, choisissez un monument historique, un monument inscrit à l'inventaire supplémentaire ou faisant partie du patrimoine national. Si vous louez l'immeuble, la totalité des dépenses engagées (travaux de restauration, de réparation…) est déductible des revenus fonciers. Un avantage intéressant : le déficit foncier est déductible des revenus fonciers et si nécessaire du revenu global sans limitation de montant.

Le propriétaire qui doit détenir directement le bien s'engage, pour bénéficier de l'avantage fiscal, à conserver le bien pendant quinze ans.

Coup double ! L'achat d'un immeuble classé ou inscrit à l'inventaire des monuments historiques peut vous faire bénéficier sous certaines conditions de l'exonération totale des droits de succession.

L'investissement locatif

Le Pinel : Gagnez jusqu'à 63 000 € !

Le Pinel concerne l'achat d'un logement neuf ou en état futur d'achèvement (VEFA), d'un logement pour le réhabiliter, d'un local à un usage autre que l'habitation pour le transformer en logement. Le logement doit respecter des conditions énergétiques et être situé dans certaines zones.

Le logement doit être loué dans les douze mois suivant l'acquisition du logement ou l'achèvement des travaux.

L'investissement est, pour le calcul de la réduction d'impôt, pris en compte jusqu'à 300 000 €.

Le loyer et les ressources du locataire ne doivent pas dépasser un certain plafond.

Le logement neuf ou assimilé, situé dans certaines zones, doit être loué à titre de résidence principale du locataire pendant 6 ou 9 ans. La réduction d'impôt est fonction de la durée de l'engagement de location pris au départ :

- engagement de 6 ans : 12 %,
- engagement de 9 ans : 18 %.

Vous pourrez prolonger l'engagement de 6 ans de trois années renouvelable une fois. La réduction sera alors de 6 % pour la première prolongation de 3 ans et de 3 % pour la seconde. L'engagement de 9 ans pourra être prolongé une seule fois de trois ans avec une réduction supplémentaire de 3 %. Au final, vous pourrez déduire jusqu'à 21 % de vos impôts sur 12 ans. Soit 63 000 € !

Sauf à disposer d'une bonne trésorerie, il est opportun de faire un emprunt. Les intérêts sont déductibles des loyers, qui supporteront ainsi un impôt sur le revenu moins important.

Pour les investissements réalisés à compter du 1er janvier 2015, le logement peut être loué à un ascendant ou descendant. Les conditions de loyers et de ressources du locataire doivent être respectées.

D'utiles précautions

Un piège trop méconnu

Une disposition assez peu connue et qui donne lieu à de fréquents redressements de la part de l'administration fiscale est l'obligation de continuer à louer un logement pendant trois ans après l'imputation d'un déficit foncier sur le revenu global. Si vous avez dégagé un déficit au cours de la dernière année de location et qu'en l'absence de revenus fonciers, vous imputez le déficit sur le revenu global, vous devez louer le bien trois ans de plus. Si vous imputez un déficit foncier sur votre revenu global de 2015, vous devez louer le bien jusqu'en 2018. En vendant avant cette date, vous risquez un redressement.

Le divorce crée un nouveau foyer fiscal. Pour continuer à bénéficier des avantages et éviter que ceux antérieurement obtenus soient remis en cause, le conjoint qui conserve le bien doit adresser une lettre au centre des impôts.

Je soussigné ...,
domicilié ...,
sollicite la reprise du régime ... pour le logement sis (adresse du logement).

Ce logement sera loué en tant qu'habitation principale jusqu'au ...

Les conditions exigée par l'article ... du Code général des impôts seront respectées (rappeler ces conditions, selon les régimes).

Fait à ..., le ...

(Signature)

Modèle 10-1 : Lettre d'engagement.

Vous vendez

Vendre, oui, payer une plus-value, non ! Cri du cœur traditionnel lorsqu'il s'agit de vendre un bien immobilier. Heureusement, la plus-value est bien souvent exonérée ou partiellement taxable.

Quand la plus-value est-elle exonérée ?

Exonération de la résidence principale

La plus-value réalisée lors de la vente de votre résidence principale est exonérée. Il suffit simplement que l'habitation (maison ou appartement) soit votre habitation principale au jour de la vente. L'habitation principale est le lieu ou vous résidez habituellement. Peu importe le délai écoulé entre l'acquisition et la revente.

Le bien doit être votre résidence principale au jour de la vente, pour que vous soyez exonéré de l'impôt sur la plus-value. Mais encore faut-il le prouver, surtout si vous avez vécu ailleurs et que vous venez juste d'occuper le bien avant la vente. Pour éviter les litiges, il vaut mieux l'occuper plusieurs mois. Vous pourrez ainsi justifier d'avoir bénéficié des abattements pour la taxe d'habitation et déposé votre déclaration de revenus à votre nouvelle adresse.

Associé d'une SCI soumise à l'impôt sur le revenu, vous bénéficiez également de l'exonération prévue lors de la cession d'une résidence principale. Le logement doit être mis gratuitement à votre disposition par la SCI.

Si l'habitation est donnée en location ou occupée gratuitement par des membres de la famille, elle n'est pas votre habitation principale. Vous ne pouvez donc pas être exonéré.

L'exonération concerne également les dépendances immédiates et nécessaires de la résidence principale cédées en même temps qu'elle (garage, parking). Toutefois, si vous cédez la dépendance à un autre acquéreur, elle est exonérée à condition d'intervenir dans le délai d'un an.

Lorsque le propriétaire n'occupe plus le logement au moment de la vente mais l'a occupé comme résidence principale jusqu'à sa mise en vente, l'exonération est accordée si la vente intervient dans un délai normal. Ce délai s'apprécie en tenant compte des caractéristiques du bien, du marché immobilier local, des diligences du vendeur (CE 6 octobre 2010, n° 308051). Un arrêt qui sans nul doute sera bien utile.

Plus-value : quand « l'ex » quitte l'habitation…

À la suite d'un divorce ou d'une séparation, il est fréquent que l'un des conjoints quitte la résidence familiale, qui était sa résidence principale. Elle n'est alors plus son habitation principale au moment de la vente. La condition d'exonération de la plus-value immobilière, à savoir l'occupation du logement à titre d'habitation principale, n'est donc pas remplie. Pour tenir compte de cette situation, l'administration admet que le contribuable divorcé ou séparé qui a déjà quitté l'ancien logement du couple bénéficie de l'exonération de la plus-value sur son ancienne résidence principale qu'il occupait avec son ex-conjoint. Aucune condition de délai n'est exigée entre la date de la séparation et la date de mise en vente. Il suffit que le logement qui était la résidence principale du couple lors de la séparation soit resté occupé jusqu'à sa mise en vente par l'ex-conjoint. Et que la cession intervienne dans les délais normaux de vente.

Vous occupez un logement de fonction et vous êtes par ailleurs propriétaire d'un bien immobilier. Votre habitation principale étant votre logement de fonction, vous ne bénéficiez pas de l'exonération. Mais si votre femme ou vos enfants résident en permanence dans le logement vendu, alors la plus-value est exonérée.

15 000 €, pas plus…

Les plus-values réalisées sur la cession d'un immeuble dont le montant n'excède pas 15 000 € sont exonérées. S'il s'agit d'un bien indivis, le seuil de 15 000 € ne s'apprécie pas en fonction de la valeur globale du bien, mais de la quote-part de chaque indivisaire sur le prix total.

TRUC

Ce plafond étant applicable à chaque opération, il suffit donc pour en profiter de vendre la même année par exemple trois parcelles de terrain (soit 45 000 €) ou de vendre de façon fractionnée les parts de sociétés civiles immobilières.

La plus-value bat en retraite

Vous ne paierez pas d'impôt, quel que soit le bien cédé, si vous ou votre conjoint êtes titulaire d'une pension de retraite. À la double condition de ne pas être assujetti à l'impôt sur la fortune au titre de l'avant-dernière année précédant celle de la vente et que le revenu fiscal de référence de l'avant-dernière année précédant celle de la cession soit inférieur à un certain seuil (pour les cessions réalisées en 2015, 10 633 € pour la première part de quotient familial et 2 839 € par demi-part supplémentaire). Les titulaires d'une carte d'invalidité remplissant ces conditions bénéficient également de l'exonération.

L'indemnité d'expropriation

La plus-value réalisée par un particulier à l'occasion d'expropriation pour cause d'utilité publique est imposable comme les plus-values immobilières. Cependant, si vous utilisez l'indemnité dans un délai de douze mois pour l'acquisition, la construction, la reconstruction ou l'agrandissement d'un immeuble, vous bénéficiez de l'exonération. L'indemnité d'expropriation pour cause d'utilité publique n'est pas imposable quand elle porte sur une résidence principale.

Du bon emploi du prix de vente

Vous vendez une habitation autre que l'habitation principale et vous devez payer l'impôt sur la plus-value. À moins qu'il s'agisse de la première cession d'un logement et que n'étant pas propriétaire de votre résidence principale vous utilisiez le prix de la vente pour justement acheter votre habitation principale. Une bien bonne idée récompensée par l'exonération de la plus-value limitée au prix de cession ainsi employé. L'achat de la résidence principale doit se faire dans les vingt-quatre mois de la cession.

La plus-value est taxable : comment la réduire ?

Vous ne bénéficiez pas des exonérations sur la plus-value, mais peut-être pourrez-vous la réduire ou mieux l'effacer grâce à l'abattement prévu pour durée de détention. La plus-value égale à la différence entre le prix de vente du bien et son prix d'acquisition est en effet réduite d'un abattement pour durée de détention.

Le prix de vente

Le prix de vente est celui indiqué dans l'acte de vente. Il est réduit des frais nécessités par la cession : indemnité d'éviction, commissions versées à l'agence, diagnostics obligatoires, honoraires d'architecte, frais de mainlevée d'hypothèque, TVA…

TRUC

Lorsque vous vendez un bien, indiquez dans l'acte de vente tous les équipements : appareils ménagers, cuisine incorporée, salle de bains… Ces biens « meubles » chiffrent vite et échappent aux droits de mutation. L'acheteur réduit les droits de mutation et le vendeur diminue son éventuelle plus-value taxable.

Le prix d'acquisition

Le prix d'achat est celui indiqué dans l'acte. Si vous avez reçu le bien par donation ou succession, le prix à retenir est celui retenu dans l'acte de donation ou de succession. D'où l'intérêt d'estimer le bien à son juste prix au moment de la donation.

Le prix d'achat est majoré des frais d'acquisition et des dépenses de travaux.

- **Les frais d'acquisition** sont les frais d'acte (honoraires du notaire, commissions d'agents immobiliers...), les droits d'enregistrement, la TVA, les droits de succession, de donation… Si ces frais ne peuvent être justifiés, ou si vous y avez intérêt, vous pouvez choisir une déduction forfaitaire de 7,5 % du prix d'achat.
- **Les travaux** concernent la construction, la reconstruction, les améliorations payées depuis l'acquisition de l'immeuble. Mais lorsque le bien a été loué, vous ne pouvez pas tenir compte de ces frais s'ils ont déjà été déduits pour déterminer le revenu net imposable.

Lorsque l'immeuble cédé a plus de cinq ans, et si vous ne pouvez justifier des dépenses de travaux pour un montant supérieur, vous ajoutez en toute légalité au prix d'achat un forfait de 15 %. Profitez-en même si vous n'avez pas fait de travaux. C'est cadeau !

Vous ne pouvez déduire ni les travaux que vous avez fait vous-même ni les matériaux que vous avez achetés pour faire ces travaux.

Les abattements : gommer la plus-value

Les abattements sont fonction de la durée de détention du bien. Ils varient selon qu'il s'agit de l'impôt sur le revenu ou des prélèvements sociaux :

Impôt sur le revenu :

- 6 % par an de la 6e et jusqu'à la 21e année ;
- 4 % au terme de la 22e année.

Le bien est ainsi exonéré d'impôt sur le revenu s'il est revendu après 22 ans.

Prélèvements sociaux :

- 1,65 % l'an de la 6e à la 21e année ;
- 1,60 % pour la 22e année ;
- 9 % de la 23e à la 30e année.

Le bien est ainsi exonéré des prélèvements sociaux après 30 ans de détention.

Ce n'est donc que si le bien est revendu après 30 ans de détention que la plus-value échappe à toute imposition.

Un abattement exceptionnel de 25 % s'applique aux cessions d'immeubles dans certaines zones et sous certaines conditions.

Les abattements sont calculés par période de douze mois du jour de l'acquisition au jour de la cession. Donc si vous avez le bien depuis 12 ans et 11 mois. L'abattement sera calculé sur seulement 12 ans.

La plus-value est imposée à l'impôt sur le revenu au taux de 19 % et aux prélèvements sociaux de 15,5 %. Enfin, une taxe (2 % à 6 %) est appliquée sur la plus-value supérieure à 50 000 €.

Calculez votre plus-value taxable

Une résidence secondaire achetée 180 000 €, il y a quatorze ans est cédée 350 000 €.

Voici comment calculer la plus-value taxable.

Prix d'acquisition	180 000 €
Frais d'acquisition + 13 500 € (forfait 7,50 %)	
Travaux + 27 000 € (forfait 15 %)	
Prix d'acquisition à retenir	**220 500 €**
Prix de vente	350 000 €
Frais à déduire :	
(frais d'agence, diagnostic...) – 22 000 €	
Prix de vente à retenir	**328 000 €**
Plus-value (328 000 – 220 500)	**107 500 €**
Plus-value imposable	
– à l'impôt sur le revenu (107 500 € – 58 050 € abattement 54 %[1])	**49 450 €**
– aux prélèvements sociaux (107 500 – 16 964 € abattement 14,85 %[2])	**91 536 €**

1. Abattement pour 14 ans de détention (6 % x 9).

2. Abattement pour 14 ans de détention (1,65 % x 9).

Lorsque le bien a été acquis par donation ou héritage, on ne remonte pas, pour le calcul de la plus-value, à la date d'acquisition par le défunt, mais à la date du décès en cas d'acquisition par héritage ou à la date de l'acte de donation, à l'exception d'une donation au conjoint survivant où le bien est censé avoir été donné au décès.

Vous voulez aider votre enfant mais vous avez besoin d'argent. Vous lui vendez un appartement. Bien sûr, c'est un bon coup de pouce, le prix sera correct et vous pourrez lui accorder un prêt « sur mesure », en fonction de ses possibilités financières. Mais la prudence s'impose : le fisc contrôlera que le prix n'est pas trop éloigné des prix habituellement constatés. Si l'écart n'est pas important, il peut comprendre que vous n'ayez pas cherché à vendre au prix fort. Mais si le bien est sous-évalué, votre enfant risque un « redressement » égal à la différence entre le prix de vente et les prix du marché. Par ailleurs si, en réalité, votre enfant ne vous paie pas le prix de la vente, le fisc y verra une donation déguisée.

Un bon truc pour effacer la plus-value

Vous voulez vendre un appartement pour donner le prix de la vente à votre fils. Vous allez payer l'impôt sur la plus-value réalisée. En revanche, en faisant une donation préalable à une cession, les compteurs sont remis à zéro, ce qui fait disparaître la plus-value. C'est tout simplement magique. Vous allez donc donner l'appartement à votre fils. Ensuite, il va le revendre. Il n'y aura pas de plus-value. Pourquoi ? Tout simplement parce que la plus-value est calculée à partir du prix de la donation (valeur indiquée dans l'acte) et non pas à partir du prix d'acquisition. Par exemple, vous avez acquis un bien 60 000 € et vous en faites donation à votre fils. Le prix de la donation est de 200 000 €.Votre fils revend le bien pour ce même montant. La plus-value est nulle. Si le bien est revendu 210 000 €, la plus-value est de 10 000 €.

Il est conseillé de prendre conseil auprès d'un professionnel. Le fisc peut, si certaines conditions ne sont pas réunies, considérer qu'il y a abus de droit.

Impôts locaux : 12 astuces pour réduire la note

Les impôts locaux grèvent votre budget. Il est temps de connaître les astuces pour alléger ou échapper à la taxe d'habitation (occupant du logement) et à la taxe foncière (propriétaire du logement)

Taxe d'habitation

Déménagez au bon moment

TRUC

Si vous emménagez après le 1er janvier, vous n'aurez pas à payer la taxe d'habitation la première année, ce qui n'est pas négligeable. Conservez les preuves de votre date d'entrée dans le logement (attestation du déménageur, bail, factures d'électricité, etc.).

Vous avez des charges de famille

TRUC

Pour la taxe d'habitation de la résidence principale, la valeur locative est réduite compte tenu d'abattements en fonction de la situation de famille (10 % pour les deux premières personnes à charge, 15 % à partir de la troisième).

Si vous avez un nouvel enfant à charge, assurez-vous qu'il figure sur l'avis d'imposition.

Si vos enfants de moins de 21 ans (moins de 25 ans s'ils sont étudiants) sont rattachés à votre foyer fiscal, vous avez droit aux abattements pour le calcul de votre taxe d'habitation.

Vous avez plus de 60 ans

Les personnes âgées de plus de 60 ans et aux revenus modestes sont exonérées de la taxe d'habitation pour leur habitation principale (Voir l'encadré « Vérifiez les avis d'imposition de vos parents ! », p. 36).

Vous êtes veuf(ve)

Quel que soit votre âge, vous pouvez être exonéré de taxe d'habitation sous conditions de ressources et de cohabitation.

Vous avez un garage

Si le garage est une dépendance de l'habitation, la taxe d'habitation est due. En revanche, si le garage est situé à plus d'un kilomètre de l'habitation, il n'y est pas soumis. La marche à pied, c'est bon pour la santé mais aussi pour alléger les impôts !

Vous êtes étudiant

Les étudiants payent la taxe d'habitation pour le logement qu'ils occupent. Toutefois, ceux logés dans une résidence universitaire gérée par le CROUS sont exonérés.

Vous logez en maison de retraite

Logé en maison de retraite ou dans un établissement de soins de longue durée, vous êtes exonéré de la taxe d'habitation sur votre ancienne habitation principale, à condition qu'elle ne soit pas occupée par un tiers et que vos revenus ne dépassent pas le seuil prévu.

Un logement vide de meubles

Un logement inoccupé et vide de meubles n'est pas soumis à la taxe d'habitation. Si vous avez payé cette taxe, faites une réclamation. Justifiez que le logement est vide (absence de consommation d'eau, d'électricité, facture de déménagement, etc.).

Taxe foncière

Vous achetez un logement neuf

Bénéficiez, pour les constructions nouvelles, de l'exonération de la taxe foncière pendant 2 ans ! Une aide appréciable, surtout quand il faut payer les échéances d'un prêt et faire face à des frais inattendus. N'oubliez pas d'adresser au centre des impôts un formulaire H1 (maison individuelle) ou H2 (appartement), que vous trouverez dans votre centre ou que vous téléchargerez sur le site `impots.gouv.fr`, dans les 90 jours de l'achèvement. Respectez bien ce délai, faute de quoi vous perdrez l'exonération.

Votre logement est économe en énergie

Pour favoriser les logements économes en énergie, certaines collectivités territoriales accordent une exonération de taxe foncière pendant cinq ans, dans deux cas :

- logement achevé avant le 1er janvier 1989 ayant fait l'objet de dépenses d'économie d'énergie d'un certain montant donnant droit au crédit d'impôt sur le revenu pour transition énergétique.
- logement achevé depuis le 1er janvier 2009 ayant le label « bâtiment basse consommation » (BBC 2005).

Vous avez plus de 75 ans

Les personnes âgées de plus de 75 ans aux revenus modestes sont exonérées de taxe foncière non seulement pour l'habitation principale mais aussi pour la résidence secondaire (Voir l'encadré « Vérifiez les avis d'imposition de vos parents ! », p. 36).

Vous vendez votre bien

TRUC

Vous devez payer l'impôt pour l'année entière, sans prétendre à une réduction en fonction du nombre de mois pendant lequel vous avez été propriétaire. Il est toutefois possible de prévoir à l'amiable avec l'acheteur le partage de l'imposition au prorata de la durée d'occupation des lieux. Néanmoins, ce partage n'est pas opposable à l'administration.

Réclamation, mode d'emploi

Vous constatez une erreur ? Faites une réclamation ! Mais ne tardez pas, car vous avez jusqu'au 31 décembre de l'année suivant celle du recouvrement, donc jusqu'au 31 décembre 2017, pour les taxes mises en recouvrement en 2016.

Effectuez la réclamation sur le site `impots.gouv.fr` ou par courrier adressé à votre centre des impôts. Cette réclamation ne vous dispense pas de payer l'impôt ; vous pouvez cependant solliciter un sursis de paiement.

NOUVEAUTÉ ! 2016

Les collectivités territoriales peuvent sous certaines conditions accorder un abattement de 30 % sur la valeur locative pour l'établissement de la taxe d'habitation et de la taxe foncière des logements situés dans des immeubles collectifs issus de la transformation de locaux commerciaux ou industriels.

Chapitre 11

L'ISF… les bons filons

Dans ce chapitre :

- Le patrimoine, rien que le patrimoine
- Faire l'autruche
- Exploiter les filons pour réduire l'ISF

ISF ! Un mot qui fait rêver certains et fuir d'autres vers quelque paradis fiscal. L'ISF a le mérite de faire parler de lui. Il revient régulièrement sur le tapis à la faveur de la discussion de la loi de finances, ou de quelques exils de stars excédées par la pression fiscale. Impôt négatif pour les uns, impôt symbole pour les autres. On tourne autour, en changeant son appellation – au départ il s'agissait de l'impôt sur les grandes fortunes (IGF) –, en modifiant son plafonnement, en ajustant son seuil d'imposition... Nous sommes l'un des derniers pays européens à avoir conservé l'ISF. Les Français y seraient majoritairement attachés. Tout l'art est donc d'annihiler l'ISF sans que cela se voie. Il est possible de réduire l'ISF en faisant les meilleurs choix…

Le patrimoine, tout le patrimoine, rien que le patrimoine

L'ISF, un simple symbole ? Pas seulement. Il permet de faire rentrer de l'argent dans les caisses de l'État et… autorise l'administration à suivre votre patrimoine à la trace. Quoiqu'il en soit, pour savoir si vous faites partie du club des « fortunés », vous devez établir la liste de tous vos biens au 1er janvier de l'année d'imposition, les évaluer et, enfin, déduire les dettes. Ensuite, se pose la question : faut-il ou pas déclarer ?

La déclaration du patrimoine du président de la République

Les candidats à la présidence de la République doivent remettre un inventaire détaillé de leur patrimoine (immeubles, valeurs mobilières, assurances vie, objets d'art, voitures, bateaux, avions...) au Conseil constitutionnel. Cette déclaration sous pli scellé qui comprend le prix d'acquisition des biens et leur valeur actuelle n'est ouverte qu'en cas d'élection. Les déclarations faites par les perdants leur sont retournées... un lot de consolation en quelque sorte. En revanche, la déclaration du candidat élu est publiée au *Journal officiel.* À la fin de son mandat, le président de la République établit une nouvelle déclaration également publiée au *Journal officiel.* Les cotisants à l'ISF ne sont donc pas les seuls à déclarer leur patrimoine.

Le foyer fiscal : rien à voir avec l'impôt sur le revenu

L'ISF est plein de surprises. Mais le summum est atteint lorsqu'il s'agit de considérer le foyer fiscal qui n'a rien à voir avec celui qui est pris en compte pour l'impôt sur le revenu. Les concubins, par exemple, sont considérés comme un couple marié. Surprenant.

Les couples mariés

L'ISF concerne les biens détenus par les époux quel que soit le régime matrimonial au 1er janvier. Les parents, en revanche, n'ont pas à comprendre dans leur déclaration d'ISF le patrimoine des enfants majeurs, même rattachés à leur foyer fiscal pour l'impôt sur le revenu.

Les concubins

Une autre originalité concerne les concubins notoires. Pour apprécier la limite d'imposition, il est tenu compte du patrimoine des concubins. Position curieuse puisque le concubinage n'est pas fiscalement reconnu pour l'impôt sur le revenu. Le fisc lie et délie les couples au gré de ses intérêts.

Si un concubin est par ailleurs marié, il est imposé avec son conjoint.

Les partenaires d'un Pacs

Les personnes pacsées, elles, font l'objet d'une imposition commune à l'ISF dès l'enregistrement du Pacs. L'imposition concerne l'ensemble du patrimoine du couple. Une aubaine pour le fisc qui additionne les deux patrimoines pour vérifier s'ils dépassent le seuil d'imposition.

L'actif : les biens imposables

Le patrimoine financier, immobilier et mobilier que vous détenez au 1er janvier de l'année d'imposition doit être déclaré. Rares sont les exonérations. Cependant, il reste une marge de manœuvre lorsqu'il s'agit dévaluer les biens.

Votre capital, carte sur table

L'ISF s'applique sur le capital. Il suffit d'une voiture, d'une maison et de quelques placements pour atteindre le seuil d'imposition. Pour dresser l'inventaire complet de votre patrimoine, récupérez tous les écrits, les attestations, actes notariés… et armez-vous de patience. Vous devez déclarer :

- Les immeubles bâtis : résidences principale et secondaires (le prix que vous obtiendriez si vous vendiez le bien au 1er janvier), valeurs mobilières… Un abattement de 30 % est appliqué lorsque l'immeuble est occupé au 1er janvier de l'année d'imposition à titre de résidence principale par le propriétaire, ou l'usufruitier.
- Le solde des comptes financiers (comptes bancaires, Codevi, plan et compte d'épargne logement, livret A…).
- Les valeurs mobilières et autres meubles (bijoux, droits sociaux, Sicav…).
- Les contrats d'assurance vie (valeur de rachat), les fonds de commerce, les voitures…
- Les rentes viagères (sauf pensions de retraite).
- Les immeubles non bâtis (terres agricoles, bois, forêts…).

En cas de démembrement du bien entre un usufruitier et un nu-propriétaire, l'usufruitier déclare le bien comme s'il en détenait la pleine propriété.

Vous avez des liquidités qui sommeillent, elles sont taxées à l'ISF. Investissez-les dans des biens exonérés d'impôt ou pour bénéficier de réduction d'impôt.

L'usufruit, un must pour optimiser l'ISF

L'usufruitier est seul redevable de l'ISF. En donnant l'usufruit d'un bien à vos enfants, vous pourrez peut-être échapper à l'ISF, ou du moins réaliser une belle économie. Si la donation d'usufruit est la plus pratiquée, la donation temporaire d'usufruit d'un portefeuille titre présente des avantages analogues. Le donateur conserve la nue-propriété et transfère pendant le temps qu'il aura choisi les revenus de ses valeurs mobilières au donataire. Un bon moyen d'aider un jeune à poursuivre ses études. Cette opération, au regard de l'ISF, est plus intéressante que de lui donner de l'argent. En effet, l'enfant (l'usufruitier) doit déclarer dans son patrimoine la pleine propriété du bien. Il est bien rare qu'un étudiant détienne un patrimoine supérieur au seuil de l'ISF. Il n'est donc pas imposable. En revanche, les parents (les donateurs) diminuent leur patrimoine imposable, ils n'ont pas à déclarer les valeurs mobilières dont ils ont donné l'usufruit. Pour éviter les litiges avec le fisc, il faut que la situation justifie l'aide apportée aux enfants.

Les biens professionnels exonérés

Utilisez le maximum de biens (matériel, équipement…) à des fins professionnelles. Affectés à l'activité exercée à titre principal, ils sont exonérés.

Si vous cédez un bien exonéré, cédez le postérieurement au 1er janvier. Vous gagnerez ainsi un an d'ISF pour déclarer sa valeur taxable à l'ISF.

Devenez loueur en meublé professionnel. Pour déduire votre patrimoine immobilier de l'ISF, meublez-le, louez-le et inscrivez-vous au registre du commerce. À condition que vous soyez inscrit au registre du commerce, que les recettes excédent 23 000 € et 50 % des revenus du foyer fiscal, ces logements bénéficient de l'exonération accordée aux biens professionnels ; ils sont donc exonérés l'ISF.

Objets d'art, trop beaux pour être taxés

Passionné d'art et d'optimisation fiscale, ne vous privez pas pour acquérir des œuvres d'art. Les objets d'antiquité de plus de cent ans, objets d'art, de collection sont exonérés d'ISF. Un amendement déposé par le gouvernement à la demande du président de la République en 1981 est à l'origine de cette exonération. Ajoutée à la faible taxation en cas de revente, l'exonération d'ISF explique le succès grandissant des objets d'art. Sont considérés comme objets d'antiquité, d'art ou de collection, les tapis, tapisseries exécutées d'après des cartons originaux et contrôlées par l'artiste, tissés à la main et d'un tirage limité, les tableaux, peintures et dessins exécutés exclusivement à la main, les gravures, estampes et lithographies originales, les émaux sur cuivre et céramiques exécutés par l'artiste, les statues et sculptures originales réalisées par l'artiste, les timbres de collection, les collections thématiques diverses (monnaies, médailles). La fiscalité est tout un art…

Des exonérations partielles

Si vous ne pouvez bénéficier des exonérations d'ISF, peut-être pourrez-vous bénéficier d'une exonération partielle.

- **Engagement collectif de conservation (Pacte Dutreuil) :** les parts ou actions de société sont exonérées d'ISF à concurrence des trois quarts de leur valeur. Trois conditions sont exigées :
  - Un engagement collectif de conservation des titres pendant deux ans
  - Une obligation individuelle de conservation des titres, l'exonération n'étant acquise qu'à l'issue d'une durée globale de conservation de six ans.
  - L'exercice d'une fonction de direction (ou l'exercice d'une activité principale dans une société de personnes) pendant cinq ans par l'un des associés signataires de l'engagement
- **Titres des salariés et dirigeants :** dirigeants et salariés bénéficient d'un abattement de 75 % sur les parts ou actions détenues dans leur entreprise où ils exercent leur activité principale, dès lors qu'ils les conservent pendant six ans. Le même abattement est prévu, pour les retraités

qui détenaient des parts ou actions depuis trois ans au moment de la cessation d'activité, sous réserve d'un délai de conservation des titres de six ans.

- **Les bois et forêts** sont exonérés à concurrence de 75 % de leur valeur. Les biens sont retenus pour le quart seulement de leur valeur à condition de s'engager à conserver et exploiter les biens pendant trente ans.

Évaluation des biens : le juste prix

Les biens doivent être estimés à leur valeur vénale, c'est-à-dire le prix de vente auquel ils seraient normalement vendus au 1er janvier de l'année d'imposition. L'évaluation retenue dans la première déclaration est importante, elle servira de base pour les années suivantes.

Comment évaluer un bien

Pour un bien immobilier, l'administration utilise la méthode par comparaison. Elle sélectionne des biens similaires qui se sont vendus avant le 1er janvier. En complément à cette méthode, l'administration utilise la méthode du revenu. Elle applique un taux de capitalisation au loyer.

Par exemple, si le loyer annuel est de 8 000 €, avec un taux de capitalisation de 4 %, on obtient une estimation de 200 000 €.

N'OUBLIEZ PAS !

Un abattement de 30 % est autorisé sur la valeur de votre habitation principale. En dehors de ce cas, l'administration accepte parfois une décote pour tenir compte par exemple d'un bien donné en location, d'un bien en indivision ou détenu en SCI mais il ne s'agit que d'une tolérance. Pour justifier la minoration de la valeur d'un bien, mentionnez les éléments qui vous paraissent devoir être pris en considération sur votre déclaration.

TRUC

Faites évaluer votre immeuble par un expert. Bien sûr, vous pouvez évaluer votre immeuble en consultant les petites annonces ou les agences immobilières. C'est le moyen le moins coûteux. Mais en vous adressant à un expert ayant une assurance professionnelle, vous disposerez d'une étude écrite pour vous défendre si le fisc trouvait à redire.

Pour l'évaluation du mobilier, vous avez le choix entre trois méthodes : l'inventaire simplifié, le forfait de 5 % ou l'inventaire global.

Les bijoux et les pierreries sont délicats à évaluer ; s'ils sont assurés, il faut se référer à la déclaration d'assurance. Pour l'évaluation des titres côtés en Bourse, vous pouvez choisir entre la dernière cotation ou la moyenne des trente derniers cours.

Vous voulez avoir une idée de l'estimation d'un bien. Allez faire un tour sur Patrim. C'est gratuit ! Il vous suffit d'aller sur le site `impots.gouv.fr`. Vous connaîtrez les prix de vente de biens similaires aux vôtres. Ces données ne sont pas opposables à l'administration. Mais elles sont d'une grande utilité.

Si l'évaluation est sous-estimée...

L'administration conteste votre évaluation ? N'hésitez pas à rendre visite à l'inspecteur. L'administration n'est généralement pas hostile à un compromis. En cette matière, le contentieux est en effet parfois délicat. Si, malgré tout, vous n'arrivez pas à un accord, saisissez la commission départementale de conciliation.

Sous-évaluer un bien peut être une bombe à retardement ! Notamment lorsque vous vendrez ou donnerez le bien, vous risquez un redressement.

La loi admet que vous fassiez une erreur d'évaluation de 10 % sur la valeur de vos biens. Vous n'aurez pas d'intérêts de retard. Si, par exemple, le fisc a estimé votre maison à 300 000 € et que vous l'avez déclarée 270 000 €, vous n'aurez aucune pénalité.

Le délai de reprise de l'administration n'est que de trois ans au lieu de six (défaut de déclaration) lorsqu'un bien a été sous-évalué.

Si l'administration estime que vous êtes de bonne foi, vous payerez un intérêt de retard (0,40 % par mois). Dans le cas contraire vous aurez droit à une majoration de 40 %.

Le passif : les dettes à réduire

L'actif ainsi établi, vous déduisez les dettes grevant le patrimoine au 1er janvier de l'année d'imposition :

- Les impôts restant à payer (l'impôt sur le revenu, impôts locaux, prélèvements sociaux...). Aussi surprenant que cela puisse paraître, l'ISF est déductible
- Les emprunts immobiliers (prêts restant à rembourser)
- Les découverts bancaires et comptes débiteurs
- Les rentes viagères
- Les dépôts de garantie reçus des locataires
- Les factures non acquittées
- Les sommes perçues en réparation d'un dommage corporel

Le passif doit être justifié. Vous devez joindre à votre déclaration les documents justificatifs (contrats de prêts, relevés de comptes bancaires et postaux débiteurs...). Sauf si votre patrimoine est compris entre 1 300 000 € et 2 570 000 €.

La politique de l'autruche : quels sont les risques ?

Tout juste au-dessus du seuil fatidique, vous n'êtes pas très chaud pour faire le premier pas. Si votre patrimoine est essentiellement constitué d'immeubles, vous pourrez peut-être échapper à l'ISF à condition de justifier les raisons pour lesquelles vous n'avez pas retenu le prix fort. Autrement, c'est à vos risques et périls...

Les moyens d'investigation du fisc

Beaucoup s'interrogent, leur patrimoine flirtant avec le seuil d'imposition, par suite d'un changement dans la situation personnelle, d'une succession... Faut-il déclarer ? En matière d'ISF, le fisc épluche les déclarations et dispose d'importants moyens d'investigation. Difficiles de passer à travers les mailles du filet.

Un héritage, une donation sont souvent à l'origine de redressements d'ISF. L'achat ou la vente d'un bien risque aussi de vous faire repérer.

En cas de non-déclaration…

Si le fisc vous détecte, vous serez invité à vous expliquer, ou à déposer la (ou les) déclaration(s). Soit vous justifiez ne pas être imposable, soit vous devrez déposer une déclaration.

En déclarant l'ISF, vous serez plus tranquille le jour du grand départ. En effet, si vous ne déclarez pas, vos héritiers risquent de se voir réclamer l'ISF sur six ans avec de lourdes pénalités à la clé. Si, jusqu'à présent, vous avez réussi à ne pas attirer l'attention de l'administration, vos héritiers, eux, sont maintenant « à découvert ». Avec la déclaration de succession qui met à nu votre patrimoine, il est aisé de voir que vous dépassez le seuil fatidique.

Juste au-dessus du seuil, vous décidez de ne pas déclarer l'ISF. Mais vous ne dormez plus et votre épouse angoisse. Si la santé n'a pas de prix, l'ISF, lui, a un prix qui n'est pas aussi élevé qu'on l'imagine lorsque le patrimoine flirte avec le seuil d'imposition. Rendez visite à votre contrôleur. Tout compte fait, le barème étant progressif, l'addition risque d'être moins élevée que vous l'aviez prévu. Devant votre repentir, le contrôleur peut ne pas avoir la main trop lourde…

2 190 nuits blanches…

À partir de quand l'administration devra-t-elle faire contre mauvaise fortune bon cœur ? Pour un bien sous-évalué dans la déclaration, l'administration dispose de trois ans pour rehausser votre estimation. En revanche, en d'absence de déclaration ou en cas d'omission d'un bien, la prescription est de… six ans ! Si vous n'avez pas souscrit la déclaration, vous serez hors d'atteinte du fisc dans 6 ans seulement. C'est long, d'autant qu'entretemps, de nombreux événements risquent d'attirer l'attention du fisc (donation, succession, vente…). Quelques nuits blanches en perspective !

Exploiter les filons pour réduire l'ISF

Pour réduire l'ISF, outre les stratégies classiques, exploitez le plafonnement de l'impôt ou encore les réductions d'impôt.

Le plafonnement à votre secours

Le montant de l'ISF, majoré de l'impôt sur le revenu, ne peut pas dépasser 75 % des revenus de l'année précédente. L'excédent est déduit de l'ISF à payer.

Le bénéfice du plafonnement est réservé aux seuls redevables ayant leur domicile fiscal en France.

Investissez dans une PME pour réduire l'ISF

Vous pouvez déduire de votre ISF 50 % des souscriptions au capital d'une PME. La réduction d'impôts est limitée à 45 000 €. Vous devez conserver ces titres 5 ans au moins.

Les versements effectués via les fonds d'investissement de proximité (FIP) ou des fonds communs de placement dans l'innovation (FCPI) donnent droit à une réduction d'impôts de 50 % dans la limite de 18 000 €. Les titres doivent notamment être conservés au moins cinq ans.

À compter du 1er janvier 2016, pour les souscriptions au capital, les PME doivent avoir moins de 7 ans. Par ailleurs, les associés ou actionnaires de la société ne peuvent pas bénéficier de l'avantage fiscal lors de souscriptions en numéraire à l'occasion d'une augmentation de capital (sauf exception).

Pour les investissements via un FCPI, les PME doivent avoir moins de 10 ans. Dans le cas des FIP, les PME doivent avoir moins de 7 ans.

Faites un don et réduisez votre ISF

En faisant un don à un organisme d'intérêt général (établissement de recherche, d'enseignement supérieur…), à certaines associations reconnues d'utilité publique (création et reprise d'entreprises) ou à une fondation reconnue d'utilité publique, votre générosité est récompensée par une réduction d'impôt égale à 75 % des dons effectués. Le montant de la réduction est cependant limité à 50 000 €.

Le paiement de l'ISF, contre mauvaise fortune bon cœur...

Le barème : combien ça coûte ?

Lorsque le patrimoine taxable excède 1,3 million €, le barème s'applique dès la fraction dépassant 800 000 €.

Le patrimoine dont la valeur nette taxable est supérieure à 1 300 000 € et inférieure à 1 400 000 € bénéficie d'une décote.

Tableau 11-1 : Barème de l'ISF

Fraction du patrimoine	*Tarif*
Jusqu'à 800 000 €	0 %
Comprise entre 800 000 et 1 300 000 €	0,50 %
Comprise entre 1 300 000 et 2 570 000 €	0,70 %
Comprise entre 2 570 000 et 5 000 000 €	1 %
Comprise entre 5 000 000 et 10 000 000 €	1,25 %
Supérieur à 10 000 000 €	1,50 %

Chapitre 12

Successions, donations : moins au fisc, plus aux autres

Dans ce chapitre :

- Les droits de succession : visite guidée
- Donations : donnez, le fisc vous le rendra

On répugne à « préparer » sa mort, surtout lorsqu'il s'agit de fiscalité. Pourtant, la prévoyance est nécessaire en ce domaine pour sauvegarder la paix des familles. Il est fréquent de voir des héritiers se déchirer pour une armoire ou un tableau… Afin d'éviter les litiges mais aussi de réduire le coût fiscal à la charge des héritiers, il est utile d'anticiper. D'autant que ce sont ces derniers, on l'oublie souvent, qui devront payer les impôts que le défunt a négligé de payer de son vivant, ce qui risque de transformer la succession en un cadeau empoisonné. Si vous n'avez rien prévu, ne dites plus : « Après moi le déluge ! » mais « Après moi le fisc ! ». Enfin, il est utile de savoir comment calculer les droits de succession et quelle stratégie adopter. La donation permet de préparer de son vivant sa transmission de patrimoine avec un maximum d'économies, mais encore faut-il connaître les meilleures stratégies fiscales. D'autant que les donations sont largement encouragées pour permettre d'organiser la transmission des biens… et faire circuler l'argent. Suivez le guide.

Transmettre au nez du fisc : les bons plans

Organiser sa succession est encore tabou chez nous, contrairement aux États-Unis. Mais il y a gros à gagner et cette motivation, ajoutée aux conflits potentiels d'une succession mal préparée, risque bien de faire sauter les derniers blocages…

Créez une société civile

La SCI est un outil de transmission avantageux. Elle permet notamment de tenir compte du passif lors de la cession de parts. En effet, la valeur des parts de la société est calculée en fonction de l'actif net, c'est-à-dire de la valeur des biens détenus par la société, diminuée du passif (ce qui n'est pas le cas pour une vente hors SCI). Une substantielle économie d'impôt.

Vous pouvez créer une SCI et lui vendre votre patrimoine immobilier. Les loyers permettent de payer l'emprunt contracté par la SCI. Vous investissez le prix de vente de vos immeubles à la SCI dans une assurance vie au bénéfice de votre enfant. La transmission du patrimoine par le biais de l'assurance vie est parfois plus intéressante que la transmission de votre immeuble.

L'assurance vie : pour hériter sans payer

L'assurance vie offre des avantages fiscaux à double titre. D'une part, les plus-values sont exonérées au bout de huit ans. D'autre part, en cas de décès, le capital est transmis aux bénéficiaires avec une fiscalité avantageuse.

L'assurance vie, toujours incontournable !

Depuis la réforme fiscale des droits de succession, qui exonère les conjoints et les pacsés de droits de succession, on peut s'interroger sur l'intérêt de souscrire une assurance vie pour transmettre. L'assurance vie conserve son efficacité puisqu'elle permet de transmettre à ses enfants, en plus de l'abattement auquel ils ont droit, un capital totalement exonéré (jusqu'à 152 500 €). Mais elle est aussi un bon moyen de contourner les règles de l'héritage et d'avantager notamment un parent éloigné ou un tiers non parent, de protéger un conjoint en lui accordant une part supérieure à celle prévue par les règles de l'héritage. Ce placement est en effet « hors succession » : le capital transmis via l'assurance vie n'est pas pris en compte pour le partage. Mais il est prudent de ne pas exagérer. Des primes excessives risquent d'entraîner des litiges avec les héritiers lésés mais aussi avec le fisc.

Les successions des conjoints et pacsés exonérées

Les conjoints et partenaires d'un Pacs sont totalement exonérés des droits de succession. Il en est de même, sous certaines conditions, des successions entre frères et sœurs.

Le conjoint survivant

Les transmissions entre époux sont exonérées de droits de succession.

Protéger son conjoint

Les successions entre conjoints sont totalement exonérées des droits de succession, quel que soit leur montant. Mais il ne faut pas perdre de vue que cette exonération n'est que fiscale, elle ne change rien à la part qui revient au conjoint survivant. Celui-ci n'a droit qu'à un quart de la succession en pleine propriété ou à la totalité en usufruit. D'où l'intérêt de renforcer la protection de son conjoint par l'adaptation du régime matrimonial (régime de communauté avec clause d'attribution), un testament ou une donation. La donation au dernier vivant est une solution ; elle doit être passée devant notaire. Un inconvénient cependant : elle est révocable à tout moment, sans que le conjoint en soit informé. Le risque d'une mauvaise surprise, surtout pour les couples qui battent de l'aile, n'est pas à écarter.

Le partenaire d'un Pacs

Les personnes pacsées comme les couples mariés, sont purement et simplement exonérées des droits de succession. Mais il ne faut pas perdre de vue que les partenaires d'un Pacs n'ont pas de droit sur la succession, ils ne sont pas héritiers. D'où l'intérêt de rédiger un testament pour protéger son partenaire. Sans testament, il n'a droit à rien.

Les frères et sœurs

Les successions entre frères et sœurs sont exonérées de droit de succession, à la triple condition que le frère ou la sœur soit au moment du décès :

- Célibataire, veuf(ve), divorcé(e) ou séparé(e) de corps
- Âgé(e) de plus de 50 ans ou infirme
- Domicilié(e) avec le défunt pendant au moins les cinq années précédant le décès

Les droits de succession

Si vous ne bénéficiez pas d'une exonération, sachez comment se calculent les droits de succession. Il faut d'abord déterminer l'actif net, en déduisant le passif (les dettes) de l'actif. Après avoir déduit de l'actif ainsi obtenu l'abattement auquel vous avez droit, vous obtiendrez la part taxable à laquelle est appliqué le tarif légal. Vous déduirez de ce montant les réductions d'impôt pour charge de famille.

Déclarez

Le calcul des droits est effectué à partir de la déclaration souscrite par les héritiers.

La déclaration : mode d'emploi

Les délais pour déposer les déclarations à souscrire par les héritiers, ou légataires, sont de six mois à compter du jour du décès, si la personne est décédée en France et d'une année dans tous les autres cas.

TRUC

Vous pouvez demander à l'administration de contrôler votre déclaration de succession ou de donation. La demande doit être présentée dans les trois mois suivant l'enregistrement de l'acte ou de la déclaration. À l'expiration du délai d'un an, le fisc ne pourra plus effectuer de redressement. Un bon moyen d'éviter les mauvaises surprises plusieurs années après...

Combien cela coûte-t-il ?

Le fisc perçoit des droits de succession calculés sur le montant net de l'actif successoral recueilli par chaque héritier. Des abattements et des réductions de droits sont heureusement prévus pour alléger, voire effacer la facture.

Les abattements

L'abattement est un montant qui se déduit de la part imposable. Il dépend du lien de parenté avec le défunt :

- **Les enfants** bénéficient d'un abattement de 100 000 € sur les biens reçus de chaque parent. Cet abattement bénéficie à chaque héritier en ligne directe.
- **Les personnes handicapées** physiques et mentales bénéficient sur leur part d'un abattement de 159 325 € qui peut se cumuler avec celui dont elles bénéficient en fonction du lien de parenté.
- **Les neveux ou nièces** bénéficient d'un abattement de 7 967 €.
- **Les frères et sœurs** bénéficient d'un abattement de 15 932 € s'ils ne remplissent pas les conditions pour être exonérés.
- **Les autres héritiers** bénéficient d'un abattement de 1 594 €.

Le tarif

Il se peut que les abattements annulent la part imposable. Dans ce cas, vous n'aurez rien à payer. Mais, si vous êtes taxable, votre part est taxée à partir d'un barème. Plus le lien de parenté avec le défunt est éloigné, plus l'addition est salée.

Tableau 12-1 : Tarifs des droits de succession

	Fraction de part taxable	*Tarif*
En ligne directe	N'excédant pas 8 072 €	5 %
	Entre 8 072 et 12 109 €	10 %
	Entre 12 109 et 15 932 €	15 %
	Entre 15 932 et 552 324 €	20 %
	Entre 552 324 et 902 838 €	30 %
	Entre 902 838 et 1 805 677 €	40 %
	Supérieure à 1 805 677 €	45 %
*Entre frères et sœurs**	N'excédant pas 24 430 €	35 %
	Supérieure à 24 430 €	45 %
Autres successions	Parents jusqu'au 4e degré inclus	55 %
	Parents au-delà du 4e degré et personnes non parentes	60 %

*Si les conditions pour bénéficier de l'exonération des droits de successions ne sont pas remplies.

Les réductions de droits

Sur le montant des droits calculés après le barème, une réduction d'impôt vient diminuer la facture :

- **Tout héritier,** à condition d'avoir trois enfants ou plus, bénéficie d'une réduction de droits de 610 € par enfant à compter du troisième si la succession est recueillie en ligne directe ; de 305 € à compter du troisième si la succession est recueillie en ligne collatérale et entre non parent.
- **Les mutilés de guerre** invalides à 50 % et plus bénéficient d'une réduction de droits de moitié, plafonnée à 305 €.

Le paiement des droits

En principe, les droits de succession doivent être acquittés en même temps que la déclaration.

TRUC

Au moment du dépôt de la déclaration, vous pourrez demander à bénéficier du *paiement fractionné* ou différé, sous certaines conditions.

Payez avec un Picasso…

L'Astronome de Vermeer, des œuvres de Cézanne, de Matisse, de Picasso, ont été reçus par l'État en paiement de droits de succession. La possibilité de payer certains impôts (droits de succession, de donation, ISF) avec des livres, des œuvres d'art ou des documents historiques a été donnée par une loi du 31 décembre 1968 sous l'impulsion d'André Malraux, alors ministre chargé des Affaires culturelles. Cette loi renoue avec une coutume de l'Ancien Régime : le règlement de l'impôt en nature. La dation ne peut pas porter sur l'œuvre d'un artiste vivant, car l'opération pourrait avoir une influence sur sa cote. Chacun y trouve son intérêt : l'État enrichit son patrimoine, le contribuable libéré du paiement de l'impôt a la satisfaction de voir son œuvre dans un musée. Lorsque vous visiterez un musée, pensez à l'artiste mais ayez aussi une pensée émue, une fois n'est pas coutume, pour le fisc. Méfiez-vous, on ne rend pas la monnaie : si la valeur de l'œuvre est supérieure au montant de l'impôt, l'administration ne rembourse pas le trop-perçu.

Un pour tous : la solidarité fiscale des héritiers

L'administration peut réclamer la totalité des droits à un seul héritier ; à lui de se retourner contre ses cohéritiers. C'est la solidarité fiscale. De quoi créer la zizanie entre des personnes qui s'entendaient pourtant bien avant le décès.

N'OUBLIEZ PAS !

Depuis l'exonération des droits de succession, le conjoint survivant n'est plus solidairement responsable avec les autres héritiers des droits de succession.

Dix conseils pour une succession réussie

1. Pensez à l'assurance vie pour transmettre avec une fiscalité *light*.
2. Pacsé, n'hésitez pas à souscrire une assurance vie pour protéger votre partenaire.
3. Les successions entre conjoints sont totalement exonérées des droits de succession. Ce qui ne vous empêche pas de prendre toutes les dispositions pour protéger votre conjoint, notamment en envisageant par exemple une donation au dernier survivant.
4. Les partenaires d'un Pacs sont exonérés de droits de succession. Mais pour protéger son partenaire, qui n'a pas la qualité d'héritier, il est important de rédiger un testament.
5. N'hésitez pas à contester l'évaluation retenue par l'administration si vous pouvez justifier que la valeur déclarée est exacte. Saisissez la commission départementale de conciliation si le litige persiste.
6. Au delà du sixième degré, c'est le fisc qui hérite. Peut-être préférerez-vous léguer vos biens à une œuvre humanitaire exonérée des droits de succession.
7. N'oubliez pas que le conjoint ou le partenaire survivant d'un Pacs, bien qu'exonérés de droits de succession, doivent souscrire une déclaration de succession.
8. Les héritiers sont tenus au paiement des dettes fiscales. Peut-être alors avez-vous intérêt à accepter sous bénéfice d'inventaire ?
9. Faites-vous conseiller par un professionnel pour préparer votre succession.
10. Pensez à la SCI ; elle est un outil de transmission avantageux. Il est notamment tenu compte du passif lors de la cession de parts.

Donation, mode d'emploi

Vous pouvez vouloir transmettre de votre vivant votre patrimoine à vos enfants, petits-enfants ou arrière-petits-enfants à moindre coût ou tout simplement transférer la propriété d'un bien à une personne de votre choix. C'est la donation qu'il vous faut.

Combien cela coûte-t-il ?

Les donations sont, en principe, soumises aux droits de donation selon les mêmes règles fiscales que celles applicables aux successions (biens transmis par décès). Mais elles bénéficient en outre d'autres avantages.

D'abord, des abattements

Les droits de donation sont calculés sur le montant de la donation reçue après déduction d'abattements :

- 100 000 € pour les donations en ligne directe (des parents aux enfants, ou inversement)
- 80 724 € pour les donations entre époux
- 80 724 € pour les partenaires d'un Pacs
- 15 932 € pour les donations entre frères et sœurs
- 159 325 € pour les personnes handicapées (plus l'abattement en fonction du lien de parenté)
- 31 865 € pour les donations aux petits-enfants
- 5 310 € pour les donations aux arrière-petits-enfants
- 7 967 € pour les donations aux neveux et nièces

TRUC

Si vous donnez un logement neuf (permis de construire délivré entre le 1er septembre 2014 et le 31 décembre 2016 et acte de donation signé dans les 3 ans de l'obtention) n'ayant pas été occupé, la donation est exonérée de droits de mutation à concurrence de 100 000 € en ligne directe, ou pour un conjoint ou un partenaire de pacs ; 45 000 € pour un frère ou une sœur ; 35 000 € dans les autres cas. Ces abattements sont cumulables avec les autres abattements applicables aux donations.

Une donation à un enfant nette d'impôt tous les 15 ans

Les donations au profit d'un enfant bénéficient d'abattement de 100 000 € sur la part donnée par chaque parent à chaque enfant. Les enfants peuvent encore bénéficier du même abattement si une nouvelle donation est faite 15 ans plus tard ! Au bout de 15 ans, on remet les compteurs à zéro : le fisc oublie la donation qui n'est pas rappelée dans la succession. Pour doubler la mise, il suffit d'effectuer des donations conjointes. Vous pourrez ainsi transmettre tous les 15 ans en franchise de droits la coquette somme de 200 000 € de biens communs à un enfant (100 000 € du père, 100 000 € de la mère). D'où l'intérêt d'y prendre tôt.

L'exonération des dons familiaux jusqu'à 31 865 € en faveur d'un enfant, d'un arrière-petit-enfant, ou d'un neveu ou d'une nièce si vous n'avez pas d'enfants, se cumule avec les abattements.

Les abattements et l'exonération des dons familiaux ne doivent pas vous faire prendre une décision à la légère. Donner pour bénéficier d'un avantage fiscal, c'est bien, mais regretter un jour de s'être démuni pour des raisons essentiellement fiscales, c'est autre chose. Pensez à l'allongement de la durée de la vie, surtout si vos revenus sont modestes. Ne vous dépouillez pas trop tôt.

Tableau 12-2 : Tarif des droits de donation entre époux et entre pacsés

Fraction de part taxable	*Tarif*
N'excédant pas 8 072 €	5 %
Entre 8 072 et 15 932 €	10 %
Entre 15 932 et 31 865 €	15 %
Entre 31 865 et 552 324 €	20 %
Entre 552 324 et 902 838 €	30 %
Entre 902 838 et 1 805 677 €	40 %
Supérieure à 1 805 677 €	45 %

En ligne directe, entre frères et sœurs, entre non-parents, le tarif est le même que pour les successions.

Ensuite, une réduction

Les donations, comme les successions, bénéficient d'une réduction d'impôt pour charge de famille (voir successions).

Une astuce trop souvent méconnue permet de réduire considérablement le montant des droits de donation : la prise en charge des droits par le donateur. En effet, le fisc ne considérant pas cette prise en charge comme une libéralité, il ne la taxe pas aux droits de donation. Une aubaine d'autant plus importante que le lien de parenté est éloigné.

Exemple : M. Dupont donne 152 449 € à Mme Duval. Elle doit payer 60 % de droits, soit 91 469 € ; il lui restera donc seulement 60 980 €. Autre possibilité : M. Dupont lui donne 95 281 € et règle au fisc 57 168 € (95 281 x 60 %). Mme Duval recevra en définitive 95 281 € au lieu de 60 980 €.

En demandant au fisc de contrôler une déclaration de donation ou de succession dans les trois mois de son enregistrement, vous pouvez gagner en tranquillité. Si l'administration n'a pas engagé un contrôle dans un délai d'un an, elle ne peut plus procéder à un redressement, sauf en cas d'omission d'un bien. Un bon moyen de ne pas vivre avec une épée de Damoclès. Le délai pendant lequel l'administration peut effectuer un redressement qui est en principe de 3 ans, est ainsi raccourci de 2 ans.

Le don manuel : de la main à la main

Le don manuel est la façon la plus courante de donner une somme d'argent. Mais il vaut mieux maîtriser les conséquences fiscales d'un acte au demeurant banal qui peut se révéler être un véritable piège.

En principe non taxable

Pratique, simple, économique il séduit... Mais attention aux pièges ! Le don manuel consiste en la remise d'un bien quelconque : objet, meuble, argent, chèque, bijou… tout ce qui se transmet de la main à la main. Le don manuel a l'avantage de la simplicité : nul besoin de recourir à un notaire. Autre atout et non des moindres, le don manuel n'est pas taxable, sauf dans trois cas lorsque :

- Le bénéficiaire révèle le don à l'administration
- Un jugement constate le don
- Le donataire déclare volontairement le don

Il faut prouver l'existence d'un don manuel. Une précaution : faites-le enregistrer au service des impôts du domicile du donateur ou du donataire avec le paiement des droits dus. En cas notamment de contrôle fiscal, vous pourrez justifier qu'il s'agit bien d'un don et non d'un revenu. L'enregistrement marque aussi le point de départ du délai de 15 ans à l'issue duquel vous pourrez bénéficier d'un nouvel abattement sur d'autres dons.

Comme un acte notarié n'est pas exigé, le fisc n'est pas informé de l'existence d'un don manuel. Il est donc tentant, pour éviter le paiement des droits, de ne pas le lui signaler. C'est méconnaître les moyens d'investigation du fisc qui épluche les relevés bancaires du défunt et peut effectuer le contrôle personnel des héritiers. Si un encaissement bancaire sur le compte d'un héritier est inexpliqué, ce dernier devra justifier qu'il ne s'agit pas d'un revenu imposable. À défaut, il se verra imposer à l'impôt sur le revenu. Autre cas : si un désaccord survient entre les héritiers, un procès risque de démontrer l'existence d'un don manuel. Cette « reconnaissance judiciaire » est également taxable aux droits de donation.

Vous avez intérêt à déclarer les dons manuels importants faits par l'un de vos parents. La taxation sera établie sur la valeur au moment de la révélation, valeur généralement inférieure à celle du jour de la transmission. Le fisc ne tenant pas compte des donations déclarées 15 ans auparavant, il vaut mieux pouvoir justifier la date de la donation.

Don manuel ou présent d'usage ?

Le cadeau que vous faites à l'occasion d'un événement (mariage, anniversaire, Noël, obtention d'un diplôme...) doit rester raisonnable compte tenu de vos moyens. Ces deux conditions remplies, il n'est pas soumis aux droits de donation, c'est un présent d'usage. La notion fiscale du *présent d'usage* est fonction du train de vie du donateur. Ainsi, à condition d'avoir certains moyens, la voiture que vous offrez pourra être considérée à votre décès comme présent d'usage et échapper aux droits de mutation à titre gratuit. Si vous êtes peu argenté, le même cadeau sera considéré comme un don taxable aux droits de mutation.

La jurisprudence Sacha Guitry

Sacha Guitry, homme de cinéma et de théâtre, est surtout connu pour son humour. Mais il est aussi à l'origine de la jurisprudence sur les présents d'usage. Il avait offert une bague à son épouse pour son anniversaire de mariage. Don manuel ou présent d'usage ? La différence est importante, le premier étant seul taxable. Finalement, eu égard à l'événement et à la situation de fortune de Sacha Guitry, les juges ont reconnu qu'il s'agissait d'un présent d'usage. Cette jurisprudence est toujours de mise.

Le piège de la donation déguisée

Les droits de donation sont élevés et, pour réduire l'addition, certains dissimulent une donation sous une autre opération au coût fiscal moindre (vente, prêt…).

Une donation camouflée…

Par manque de scrupules, certains contribuables font une « donation déguisée ». But de la manœuvre : échapper aux droits de donation. Il s'agit par exemple d'une tante qui vend une maison à son neveu. Mais ce dernier ne lui verse pas le prix de vente prévu dans l'acte. C'est une fausse vente avec paiement fictif. Ce camouflage d'une donation en une vente vise à payer les droits de mutation sur les ventes, au lieu des 55 % de droits de donation. Substantielle économie.

Le fisc trompé : une punition de 80 % !

La donation déguisée est lourde de conséquences.

Sur le plan fiscal, le fisc trompé cherchera à prouver la donation déguisée en utilisant tous les indices : acheteur qui n'a pas les moyens de payer, vendeur qui n'a pas besoin d'argent, existence de liens d'affection ou de parenté entre les fraudeurs... Il exigera, outre les droits de mutation, une pénalité de 80 %.

Dans le cas d'une donation déguisée, le délai de prescription est de six ans. Le temps pour l'administration de fouiller… et au contribuable d'angoisser.

Donner à ses enfants, à ses petits-enfants

Les enfants, les petits-enfants ont souvent besoin d'une aide financière à certaines étapes de leur vie. La donation permet dans la plupart des cas de les aider sans passer par la case « fisc ». Mais là n'est pas son seul intérêt, elle est un moyen de transmission à moindre coût.

Donner à ses enfants

Donner à ses enfants pour répondre à un besoin immédiat, ou encore pour organiser sa succession : la donation offre de nombreux attraits et permet de réaliser de sérieuses économies à condition de savoir s'y prendre à temps.

Familles traditionnelles : les stratégies

Comme son nom l'indique, la donation-partage est une donation et un partage : une donation, car elle dépouille irrévocablement le donateur, et un partage, car elle attribue à chacun sa part de tout ou partie d'un patrimoine. L'atout majeur de la donation-partage est d'éviter tout conflit à l'ouverture de la succession.

Donnez à vos enfants, rien au fisc…

Une mesure d'exonération des dons familiaux permet de faire un don d'argent (espèces, chèques, virements) dans la limite de 31 865 € en exonération de droits à un enfant, petit-enfant, arrière-petit-enfant ou, à défaut d'une telle descendance, à un neveu ou une nièce. Le donateur doit avoir moins de 80 ans. Dans tous les cas, le bénéficiaire doit être majeur ou émancipé. Cette exonération peut se cumuler avec les autres abattements (100 000 € pour un enfant, 31 865 € pour un petit-enfant, 5 310 € pour un arrière petit-enfant, 7 967 € pour un neveu ou une nièce). Les dons familiaux doivent être déclarés par le donateur auprès du service des impôts de son domicile dans le délai d'un mois à compter de la date du don.

Pour préparer la transmission d'un patrimoine, rien de tel que le démembrement. Vous cédez par exemple à vos enfants la nue-propriété de votre habitation principale. Vous conservez l'usufruit. Seule la nue-propriété est taxée. Sa valeur dépendant de l'âge de l'usufruitier, plus vous êtes jeune, plus la valeur de la nue-propriété est faible. Double bonus : la taxation sur la seule nue-propriété est avantageuse et au décès de l'usufruitier, le nu-propriétaire récupère l'usufruit sans impôt.

Tableau 12-3 : Barème du démembrement entre usufruit et nue-propriété

Âge de l'usufruitier	*Valeur de l'usufruit*	*Valeur de la nue-propriété*
Moins de 21 ans	90 %	10 %
Moins de 31 ans	80 %	20 %
Moins de 41 ans	70 %	30 %
Moins de 51 ans	60 %	40 %
Moins de 61 ans	50 %	50 %
Moins de 71 ans	40 %	60 %
Moins de 81 ans	30 %	70 %
Moins de 91 ans	20 %	80 %
Plus de 91 ans	10 %	90 %

Familles recomposées

Leur situation, souvent complexe, doit être examinée au cas par cas, mais il existe des possibilités pour donner au moindre coût. Les familles recomposées peuvent notamment, comme les autres, bénéficier de la donation-partage mais avec certaines restrictions.

TRUC Les droits de mutation dépendent du lien de parenté. Les transmissions réalisées par une personne en faveur d'un enfant né d'un précédent mariage de son conjoint sont ainsi taxables au taux de 60 %. Il s'agit en effet d'une transmission entre personnes non parentes. Des solutions existent, parlez-en à un professionnel du droit.

Donner à ses petits-enfants

N'hésitez pas à donner un coup de pouce à vos petits-enfants, d'autant que le législateur encourage la transmission aux petits-enfants. Côté impôt, de nombreuses astuces permettent de réduire l'addition.

Quelques bons moyens d'aider les petits-enfants

Chaque grand-parent peut donner 31 865 € à chacun de ses petits-enfants sans droits à payer, soit 63 730 € par petit-enfant. En effet, les donations aux petits-enfants donnent droit à un abattement de 31 865 €. Le don peut être renouvelé 15 ans plus tard. Tous les biens sont concernés : immobilier, sommes d'argent, portefeuille d'actions. Voilà les raisons d'être du succès des donations-partages des grands-parents aux petits-enfants. Un joli cadeau du fisc qui n'aime pas voir l'argent dormir. Les jeunes vont dépenser. L'État perd certes des droits de mutation mais il se rattrape, entre autres, sur la TVA. Cet abattement peut se cumuler avec l'exonération de dons familiaux de 31 865 €.

TRUC Votre petit-fils fait des études et a besoin d'argent. Faites-lui une donation temporaire d'usufruit. Il aura l'usufruit, c'est-à-dire le droit de percevoir les loyers. De votre côté, vous conserverez votre patrimoine et diminuerez votre fiscalité. C'est vous qui décidez de la durée de l'usufruit. Vous le récupérez quand vous voulez. Lorsque ses études seront terminées, votre petit-fils n'aura plus besoin d'aide. Si ce moment correspond à votre départ à la retraite, cela tombe bien puisque vous retrouverez la pleine propriété du bien. Un plus : le bien ainsi démembré échappe à la taxation au titre de l'ISF dans la mesure où c'est l'usufruitier qui est imposé. Mais dans bien des cas, s'agissant d'un étudiant, l'usufruit ne lui fait pas franchir le seuil limite d'imposition. Veillez cependant à ce que l'administration n'y voie pas un abus de droit (dissimulation d'un but exclusivement fiscal).

Donner à son conjoint, à son partenaire, à son concubin

Il est normal de vouloir protéger celui avec lequel on partage sa vie. La première chose à faire est de bien choisir son contrat de mariage et d'insérer des clauses protectrices du conjoint. Mais vous pouvez aussi lui faire une donation.

Donner à son conjoint

La donation au dernier survivant est toujours utile en présence d'enfants, car elle permet un choix intéressant d'options. Pensez aussi à la donation simple des biens. Les époux bénéficient d'un abattement de 80 724 € sur les donations.

Donner à son partenaire, à son concubin

Le Pacs est peu protecteur sur le plan civil mais, sur le plan fiscal, il a bien évolué. Les concubins, considérés comme des étrangers, sont les moins biens lotis.

Tableau 12-4 : Vie commune et droits de donation

Statut	*Abattement*	*Taux*
Concubins	Aucun	60 %
Pacsés	80 724 €	5 à 45 %
Mariés	80 724 €	de 5 à 45 %

Pacsés : comme les époux

Les pacsés n'héritent pas. Pour transmettre à son partenaire, il faut donc notamment penser à la donation. Celle-ci est soumise, dès la conclusion du Pacs, au même tarif que pour les personnes mariées et bénéficie du même abattement de 80 724 €.

Si le pacte est rompu dans les deux ans de sa conclusion, pour un motif autre que le mariage entre les partenaires ou le décès, l'abattement est remis en cause.

Le pacsé survivant n'hérite de rien. D'où l'intérêt de procéder à un legs ou une donation qui bénéficie d'un abattement substantiel de 80 724 €.

Concubins : 60 % !

Les concubins, considérés comme des étrangers, paient leur choix au taux très élevé de 60 %. C'est le prix fort à payer sur les donations. Heureusement, quelques parades permettent de faire baisser l'addition.

L'assurance vie est incontournable pour avantager, en douce, une personne étrangère à la famille et qui vous est chère. En effet, l'assurance vie n'est pas considérée comme faisant partie du patrimoine que les héritiers doivent se partager. N'attendez pas ! La fiscalité des versements effectués avant 70 ans est intéressante.

Si vous faites une donation à votre concubin, pensez à prendre en charge les droits de donation. Le montant des droits payé par le donateur n'est en effet pas considéré comme un don. Il échappe donc aux droits de donation.

Quatrième partie

Suisse qui peut ! L'exil et les revenus internationaux

Dans cette partie...

La Suisse n'est pas la seule à accueillir les exilés fiscaux. La Belgique, le Royaume-Uni sont des destinations prisées pour réaliser de sérieuses économies d'impôt. Encore faut-il connaître les règles du jeu.

Mais peut-être êtes-vous domicilié en France, tout en percevant des revenus de l'étranger. Ou encore, exercez-vous une fonction en France en qualité d'impatrié. Dans ce cas, vous êtes un contribuable « chouchouté ».

Chapitre 13

Suisse qui peut ! L'exil fiscal

Dans ce chapitre :

- L'exil, Suisse qui peut !
- Larguez les amarres avec femme et enfants

Ils quittent un à un le pays, et pourtant, que la France est belle ! À regret mais non sans arrière-pensée fiscale, ils partent, en laissant tout derrière eux et surtout… les impôts. Les pionniers ont discrètement frayé le chemin. Mais aujourd'hui, les états d'âme n'ont plus cours, on ne rougit plus en abandonnant ceux qui subissent la fiscalité de plein fouet... C'est même plutôt un signe de réussite. Seuls quelques-uns ont encore des scrupules à avouer la vraie cause de leur exil, s'efforcent de trouver des alibis et confient pudiquement apprécier le climat ou la mentalité de leur pays d'accueil… Comme si la fiscalité n'était qu'accessoire et surtout pas la raison essentielle de leur départ. La cerise sur le gâteau en quelque sorte.

D'autres, au contraire, ne cachent pas la raison de leur décision et affichent leur écœurement face à une pression fiscale insupportable. C'est un fait, il n'est plus possible, même pour ceux qui restent, d'ignorer l'exil fiscal qui fait couler tant d'encre et perdre des recettes.

L'exil, Suisse qui peut !

Autrefois, l'exil avait un autre sens… Le terme vient du latin *exilium* : bannissement. Aujourd'hui, on part de son plein gré pour échapper à la pression fiscale. Autres temps, autres mœurs.

Le paradis fiscal, c'est où ?

On part sur un coup de blues, ou alléché par un catalogue étalant le sable chaud et l'eau turquoise à perte de vue, ou encore excédé par un contrôle fiscal qui s'est mal terminé. On part de préférence pas trop loin, là où la vie est agréable, l'accueil est bon et l'impôt plutôt *light*. Pas étonnant que la Belgique et la Suisse, pays de surcroît francophones, et le Royaume-Uni, soient les destinations préférées des Français.

Monaco : une idée fausse qui a la vie dure

À Monaco, la fiscalité est idyllique, comme d'ailleurs la vie dans la principauté. Pas d'impôt sur le revenu, ni sur les plus-values, ni sur le capital. Les étrangers résidant à Monaco peuvent savourer ce doux traitement. Enfin, presque tous... Contrairement aux idées reçues, les Français n'ont pas ce bonheur depuis la convention fiscale conclue entre le prince Rainier et le général de Gaulle en 1963 après un historique « bras de fer ». Elle prévoit que seuls les Français justifiant de cinq ans de résidence habituelle à Monaco au 13 octobre 1962 bénéficient du régime fiscal monégasque. Les autres continuent à être imposables en France comme s'ils y avaient conservé leur domicile. Ils doivent payer l'impôt sur le revenu et l'ISF.

La Belgique : destination royale pour les retraités !

La bière et les frites, la vie agréable ne sont pas une incitation suffisante. Le régime fiscal belge tente les grosses fortunes mais aussi de plus en plus ceux qui disposent de revenus plus modestes. La fiscalité de la Belgique est particulièrement attractive pour les rentiers. D'ailleurs, bon nombre de chefs d'entreprise approchant de la retraite s'y retrouvent. La fiscalité du patrimoine est plutôt douce. Pas d'ISF : belle économie si vous partez avec quelques millions. Les plus-values immobilières et les loyers sont exonérés d'impôt. Enfin, les droits de successions ou en ligne directe avec un taux de 3 à 30 % ne sont pas... mortels.

Pourquoi nos stars filent à l'étranger ? Johnny, Depardieu, Pagny et les autres...

La vérité sort de la bouche des stars...*

Johnny : c'est en partie vrai

Johnny dans son livre *Dans mes yeux* (Plon) écrit avec Amanda Sthers : « On a souvent dit que je m'étais barré pour ne pas payer d'impôts. C'est en partie vrai, mais c'est aussi parce que c'est épuisant, cette ambiance. Je me suis toujours demandé pourquoi aux États-Unis, quand j'ai une belle voiture, les mecs sourient et te disent « formidable » ! et en France on te traite de voleur. Sale mentalité. Pour un pays dont j'ai porté les couleurs, qui a bien voulu faire de moi son emblème quand c'était nécessaire, je me suis senti trahi, accusé à tort, sali (...) »

Depardieu

« Je ne suis pas un exilé fiscal, je ne fuis pas le fisc. J'ai dit qu'à mon âge, 87 % d'impôts, c'était trop [...] » (*JDD*).

Pagny : me ressourcer

Pour quelles raisons vous êtes-vous installé en Patagonie ?

« Parce que j'en suis tombé amoureux. Ma femme [ancien mannequin argentin] n'y est pas étrangère... C'est là-bas que j'aime me ressourcer, loin de l'agitation qui règne à Paris. J'y retrouve une vie normale et équilibrée. Mon téléphone ne passe pratiquement pas, Internet ne fonctionne pas. Je suis libre ! (tvmag.le figaro.fr).

Noah : faire des économies

Noah sur BFMTV : « J'ai habité en Suisse en 1991, en 1992 et en 1993. J'ai eu un petit moment de doute après ma carrière. J'avais peur de mon avenir. J'ai fait ça pour faire des économies. Depuis, je suis revenu en France. Je suis là depuis près de 20 ans. Pendant toute ma carrière de joueur de tennis, j'étais fiscalement en France. »

* Robert Matthieu, *Les Stars face à l'impôt*, Maxima, 2015.

La Suisse, si ça vous chante...

Vous l'avez compris, il faut être une star pour partir sous des cieux plus « lémans ». De nombreux chanteurs, sportifs, acteurs français résident en Suisse. Débutants s'abstenir : il faut justifier d'une certaine « réussite » car un certain pécule est exigé pour obtenir l'autorisation de résidence, et cerise sur le gâteau, bénéficier d'un forfait négociable. La Suisse attire les grosses fortunes et ceux qui sont en activité. Le revenu imposable est estimé à partir de la valeur locative de l'habitation sans tenir compte des revenus effectifs. L'impôt forfaitaire est négocié, quant aux droist de successions, ils n'ont pas de quoi réveiller un mort. Au final, un impôt bien moindre que l'impôt que vous auriez payé en France. Imaginez que demain vous vous rendiez au centre des impôts, près de chez vous, pour discuter votre impôt et que vous ressortiez une heure après, en paix avec le fisc et votre conscience. Avec en prime la joie de vivre au pays.

ATTENTION !

Plusieurs cantons ont supprimé le forfait fiscal. D'autres en ont durci les conditions.

Pourquoi nos tennismen filent en suisse, et pas les footballeurs ?

Mais pourquoi les footballeurs ne défrayent-ils pas la chronique de l'exil fiscal, comme les tennismen ? Seraient-ils plus sportifs à l'égard des impôts ? Au risque de vous faire perdre vos illusions, c'est tout simplement que les footballeurs ont l'obligation de résider dans le pays où se trouve leur club. Contrairement aux tennismen ou aux acteurs, les joueurs de clubs français sont astreints à résider en France. Quant aux joueurs français qui s'exportent (d'ailleurs bien : Angleterre, Italie, Espagne, Allemagne...), ils sont soumis à la fiscalité du pays où ils jouent. Un exil disons « professionnel » : Franck Ribery qui opère au Bayern de Munich doit payer ses impôts en Allemagne, Karim Benzema au Real Madrid est soumis à l'impôt espagnol.

Le Royaume-Uni : filer à l'anglaise...

Pour fuir les impôts et charges, ou tout simplement pour réussir, les chefs d'entreprise n'hésitent pas à monter leur boîte à l'étranger. Ils choisissent le pays d'accueil en fonction de la fiscalité mais aussi des facilités qui leur sont consenties. Le critère de la fiscalité ne saurait être seul pris en compte. Pour autant, le statut fiscal est attrayant. À condition de ne pas être rapatriés au Royaume-Uni, les sommes gagnées à l'étranger ne sont pas imposables.

Larguer les amarres avec femme et enfants

Pour être rayé de la liste des assujettis, il ne suffit pas d'acheter une maison en Suisse et de s'y rendre quelques semaines par an pour chausser les skis. Il faut partir sans rien laisser...

Des conditions strictes

Vous devez, pour perdre la qualité de résident fiscal français, respecter quatre critères :

- Partir avec femme et enfants (vous ne devez pas avoir votre foyer en France)
- Justifier que vous vivez à l'étranger plus de 183 jours par an
- Ne pas exercer votre activité professionnelle principale en France (celle à laquelle vous consacrez le plus de temps ou à défaut celle qui rapporte le plus)
- Ne pas avoir le centre de vos intérêts économiques en France (loyers d'immeubles, dividendes, comptes bancaires…)

ATTENTION !

Ces critères sont alternatifs, c'est-à-dire que si un seul n'est pas rempli, retour à la « case départ », vous êtes imposé en France.

ATTENTION !

Si le fisc considère que votre expatriation est fictive, vous aurez non seulement à payer les impôts, les intérêts de retard et les pénalités mais vous risquez aussi des sanctions pénales.

Ne faites pas les choses à moitié

Faute d'avoir respecté les règles fiscales de l'expatriation, certains se sont fait rattraper par les limiers du fisc. Soyez vigilant si vous avez des immeubles en France. Dans une affaire, un contribuable résidait en Polynésie française et se considérait donc comme non-résident en France. Il avait pourtant conservé la majorité de son patrimoine en France. Le centre de ses intérêts économiques était donc en France. Dans une autre affaire, un contribuable installé en Suisse avait gardé en France ses immeubles, son portefeuille boursier, diverses participations dans plusieurs sociétés. Il a été considéré comme fiscalement domicilié en France. Pour prouver que vous êtes résident français, les limiers du fisc disposent de nombreux moyens : la poste, le relevé EDF, les factures de téléphone, les cartes grises, la scolarisation des enfants, les comptes bancaires… Un dernier conseil pour éviter les désillusions : avant de transférer votre domicile, examinez les critères de résidence fiscale en tenant compte des particularités des conventions conclues avec la France.

Huit conseils pour une expatriation réussie

1. Sachez que l'expatriation doit être réelle. Si vous avez encore un pied en France, vous courez un risque.
2. Sachez que votre choix est important : faire machine arrière risque de vous coûter cher.
3. Ne négligez pas le côté affectif. Expatriés, les conjoints peuvent faire une déprime.
4. Attention aux coups de tête : mesurez les avantages et les inconvénients de l'expatriation, sans prendre en considération le seul aspect fiscal.
5. L'optimisation fiscale au pays vaut parfois mieux qu'une expatriation.
6. Étudiez les avantages d'une expatriation tant en ce qui concerne l'impôt sur le revenu que la taxation des droits d'enregistrement. Ne perdez pas de vue que les biens situés en France sont soumis à l'ISF même si vous n'êtes plus résident fiscal français.
7. Étudiez bien les conventions fiscales.
8. Mesurez le prix de la vie au quotidien : renseignez-vous par exemple sur les loyers, la scolarité, la prise en charge des dépenses de santé.

Chapitre 14

Les revenus internationaux : une fiscalité attractive

Dans ce chapitre :

- Vous êtes domicilié en France
- Vous êtes détaché à l'étranger
- Les impatriés

Domicilié en France, vous êtes imposé sur le revenu mondial. Rien que ça ! Vous devrez aussi déclarer vos comptes bancaires à l'étranger.

En revanche, « détaché à l'étranger », vous pourrez sous certaines conditions vous détacher de l'impôt. Enfin, si vous bénéficiez du régime des *impatriés*, vous baisserez l'addition de façon plutôt attractive.

Vous êtes domicilié en France

Le principe est l'imposition du « revenu mondial » : domicilié en France, vous êtes imposable sur tous vos revenus, de source française ou étrangère. Mais ce principe souffre quelques exceptions.

Les revenus de source étrangère

Dès lors que vous avez votre domicile fiscal en France, vous devez déclarer les revenus de source étrangère.

Des nuances existent cependant en fonction de la nature des revenus. Quelques exemples :

- **Loyers d'immeubles situés à l'étranger :** soit il n'existe pas de convention entre la France et le pays étranger (consultez les conventions sur `www.impôts.gouv.fr`), vous devez alors déclarer les loyers comme pour les loyers des immeubles situés en France ; soit une convention prévoit que les revenus supportent l'impôt dans l'État ou se trouve l'immeuble. Ils sont alors exonérés en France. Cependant, ils sont pris en considération pour le calcul du « taux effectif » de l'impôt.
- **Plus-values :** généralement, les conventions prévoient que la plus-value immobilière réalisée à l'étranger est taxée à l'étranger. Concernant les plus-values boursières, les gains de cession des titres sont taxés en France.
- Revenus des dividendes, intérêts d'obligations, jetons de présence : ces revenus, encaissés à l'étranger ou reçus de l'étranger, sont à déclarer en France. Généralement, le pays étranger qui a versé les revenus pratique une retenue. La France taxe ce revenu et déduit de l'impôt dû un crédit d'impôt égal au montant de la retenue.

Le taux effectif

Lorsque, domicilié en France, vous percevez des revenus de source étrangère, taxés à l'étranger et exonérés d'impôt en France, ces revenus ne sont pas ajoutés à votre base imposable. Mais il en est tenu compte pour déterminer le taux effectif de l'impôt si vous avez d'autres revenus imposables. En clair, on applique le taux de l'impôt calculé à raison de tous vos revenus (y compris les revenus étrangers exonérés) sur les seuls revenus imposables en France. C'est la règle du taux effectif. Elle permet de maintenir la progressivité de l'impôt malgré les exonérations accordées pour les revenus perçus à l'étranger. Vous devez indiquer les revenus encaissés hors de France sur la déclaration no 2047, à joindre à la déclaration de revenus.

Contrats d'assurance vie à l'étranger

Si vous êtes domicilié en France, vous devez, en même temps que votre déclaration de revenus, déclarer les contrats d'assurance vie souscrits à l'étranger (référence des contrats, durée, date d'effet). L'oubli de cette obligation risque de voir le rendement du contrat diminuer comme peau de chagrin : les sommes versées sur les contrats sont imposables, sauf preuve contraire. Sans compter que le délai pendant lequel l'administration peut opérer un « redressement » est porté de trois à dix ans, pour un contrat souscrit dans un État garantissant le secret bancaire !

Enfin, vous devrez payer une amende.

Ne pas déclarer des comptes à l'étranger peut coûter cher

Vous devez déclarer les comptes bancaires détenus à l'étranger. Cette déclaration est faite en même temps que la déclaration de revenus au moyen d'un imprimé n° 3916. Elle doit être renouvelée chaque année, même si vous n'avez pas ouvert de nouveaux comptes. L'inobservation de cette obligation vous expose à de lourdes sanctions : une amende fiscale de 1 500 € par compte non déclaré. Ce montant est porté à 10 000 € pour un compte dans un État garantissant le secret bancaire. Gare à vous si vous avez au moins 50 000 € sur les comptes, l'amende est de 5 % du montant du solde de chaque compte non déclaré. Sans compter que le délai dont dispose l'administration pour effectuer un « redressement » est porté de trois à dix ans ! Mais le pire est que les fonds transférés par l'intermédiaire de ces comptes, s'ils n'ont pas été déclarés, sont présumés imposables. On oublie parfois que l'obligation de déclarer les comptes concerne non seulement les comptes détenus mais aussi ceux utilisés àl'étranger. Ainsi, le compte d'un concubin utilisé à l'étranger doit être déclaré, tout comme un compte dont vous n'êtes pas le titulaire mais sur lequel vous avez une procuration.

Vous êtes détaché à l'étranger et de l'impôt

Détaché à l'étranger par votre entreprise implantée en France, vous avez votre domicile fiscal en France. Vos salaires sont totalement exonérés dans deux cas :

- La rémunération de votre l'activité exercée à l'étranger supporte dans le pays où vous êtes détaché un impôt égal au moins au deux tiers de celui qui aurait été supporté en France.
- L'activité a été exercée à l'étranger pendant plus de 183 jours sur une période de douze mois consécutifs.

  L'activité concerne les chantiers de construction ou de montage, l'ingénierie, l'installation, la mise en route d'ensembles industriels ; la prospection, la recherche ou l'extraction de ressources naturelles ; la prospection de la clientèle sur les marchés étrangers (pour cette activité, il suffit d'un détachement de plus de 120 jours).

Si vous ne remplissez pas ces conditions, vous serez imposé seulement à hauteur du salaire que vous auriez perçu si vous aviez travaillé en France. Trois conditions doivent cependant être remplies :

- La rémunération doit être effectuée en contrepartie de séjours effectués dans l'intérêt direct et exclusif de l'employeur.
- Les séjours doivent être justifiés par un déplacement nécessitant une résidence effective ininterrompue de vingt-quatre heures dans un autre État.
- Le montant des suppléments de rémunération doit être fixé avant le séjour à l'étranger et être proportionné, d'une part, au nombre, à la durée et au lieu des séjours et, d'autre part, à la rémunération annuelle (hors supplément de rémunération). De plus, le montant des suppléments ne doit pas dépasser 40 % de la rémunération annuelle.

Impatriés : un petit paradis

À condition de ne pas avoir été fiscalement domicilié en France au cours des cinq années précédant la prise de fonctions en France pour y exercer une activité salariée dans une entreprise, il est possible de bénéficier du statut particulièrement favorable d'« impatrié ». Et ainsi de bénéficier de l'exonération de l'impôt sur le revenu sur une partie des revenus professionnels. Autre avantage, une exonération de 50 % des revenus des capitaux placés à l'étranger (dividendes, intérêts, plus-values). Et, cerise sur le gâteau, il n'y a pas d'ISF sur le patrimoine situé à l'étranger, contrairement aux redevables domiciliés en France dont tous les biens, qu'ils soient en France ou à l'étranger, sont imposables à l'ISF. Une bienvenue attractive aux frais de l'État qui s'occupe de presque tout (le petit déjeuner pris à l'aéroport est à la charge de l'impatrié).

Seule ombre à ce tableau, ce régime paradisiaque n'est valable que cinq années. Combien de retours ce régime a-t-il provoqué ? Difficile à savoir... Il n'empêche que ce statut, à l'heure où le dumping fiscal, a envahi toutes les activités, tous les milieux, est celui de nombreux footballeurs étrangers jouant en France.

Cinquième partie

Contrôles, litiges : réduire l'addition

Dans cette partie...

Comme le fisc n'est pas obligé de vous croire sur parole, il peut procéder au contrôle de vos déclarations. Le contrôle fiscal n'est pas un long fleuve tranquille, il vaut mieux savoir ce qui vous attend. Vous devez connaître vos droits et vos obligations pour rester zen et tirer votre épingle du jeu. Fort heureusement, tout le monde n'est pas « l'heureux élu » d'un contrôle. Mais la législation est si complexe et les situations si particulières qu'il est bien rare qu'un contribuable honnête ne soit pas un jour ou l'autre en litige avec le fisc. C'est un homme de terrain qui vous parle. Rassurez-vous, les moyens pour vous défendre et gagner sont nombreux.

Chapitre 15

Contrôle fiscal !

Les conseils d'un homme de terrain

Dans ce chapitre :

- La vérification de comptabilité de A à Z
- Le contrôle privé des particuliers
- Ce que vous risquez

Le contrôle touche le contribuable là où ça fait mal, au portefeuille. Même celui qui n'a rien à se reprocher n'est pas tranquille. Tous les contrôles ne se terminent pas comme dans le film *Signes extérieurs de richesse* dans lequel jouait Josiane Balasko. Il est rare qu'un contrôle ne se solde pas par un rappel d'impôt. S'il n'est pas toujours bien accepté, le contrôle fiscal est la contrepartie du système déclaratif. Le contribuable déclare, le fisc vérifie… et redresse.

Un premier contrôle est souvent plein d'interrogations, d'incertitudes. Il importe de savoir comment se déroule un contrôle, de l'*avis de vérification* annonciateur des opérations à la proposition de rectification qui expose au contribuable les conclusions du contrôle. Certes l'administration a d'importants pouvoirs à l'occasion d'un contrôle, mais le contribuable a des droits. Il vaut mieux les connaître… Le contrôle concerne soit l'activité professionnelle – c'est la *vérification de comptabilité* –, soit la situation fiscale privée, ce qui consiste à vérifier la cohérence entre la situation patrimoniale, le train de vie du contribuable et l'ensemble de ses revenus. Ces contrôles sont distincts, mais ils peuvent être menés de pair. Dans le jargon, « la totale » !

Suivez le guide, spécialiste des contrôles fiscaux…

Contrôle professionnel : la vérification de comptabilité

La vérification de comptabilité concerne l'activité professionnelle, qu'il s'agisse d'une activité libérale ou commerciale. Elle débute par un avis de vérification qui vous informe que vous allez faire l'objet d'un contrôle et se termine par la proposition de rectification qui vous annonce le montant à payer. Entre les deux se déroule le contrôle…

Ne donnez pas le bâton pour vous faire battre…

Un contrôle tient parfois à peu de chose. Autant connaître les clignotants qui risquent de vous faire repérer, maîtriser ce qui peut l'être et ne pas attirer l'attention du fisc. C'est une précaution, pas une panacée, car nul n'est à l'abri d'un contrôle…

Un contrôle SVP !

Pour vouloir un contrôle, il faut être un peu maso ! À croire qu'il y a des amateurs... Le contrôle à la demande est prévu par la loi. Vous pouvez demander à l'administration d'effectuer un contrôle sur certains points particuliers. Elle n'est pas obligée de déférer à votre demande mais si elle y donne suite, soit elle ne trouve rien et sa position lui est opposable, soit elle constate des erreurs dans votre déclaration et vous pourrez régulariser votre situation moyennant un intérêt de retard réduit à sa plus simple expression : 0,28 % par mois de retard (au lieu de 0,40 %). Une assurance anti-angoisse en quelque sorte.

Déclarations non déposées ou tardives

Si vous êtes un retardataire chronique, ce n'est pas le meilleur moyen de vous faire oublier. L'informatique repère les contribuables « défaillants ». Le service risque de vous vérifier, sans oublier qu'une négligence peut en cacher une autre. De là à penser que vous avez eu quelques difficultés à boucler votre comptabilité, il n'y a qu'un pas. Des déclarations de TVA tardives peuvent laisser penser que vous utilisez l'État comme banquier, pour faire face à quelques difficultés financières.

Vous avez dit « bizarre »

Gare à vous si vous vous éloignez des « normes » ! Entre plusieurs entreprises d'un même secteur, l'administration sera tentée de jeter son dévolu sur celle qui accuse le résultat le plus faible ou qui présente un certain nombre d'anomalies (rotation des stocks, rendement du personnel, rendement des immobilisations, marge...). Le traitement informatique détecte l'entreprise dont les anomalies pourraient donner lieu à des redressements.

Un chiffre d'affaires en chute libre

Si votre chiffre d'affaires a chuté, joignez à votre déclaration une note relatant les raisons de cette chute (la fermeture du commerce pour travaux ou encore un changement des conditions d'exploitation...). Utile précaution qui empêchera l'agent chargé d'examiner les déclarations de soupçonner quelque détournement. Vous lui ôterez ainsi la curiosité de vous rendre visite.

Un contrôle n'est pas un blanc-seing

ATTENTION !

Contrairement à une idée fort répandue, il ne faut pas s'imaginer qu'une fois vérifié, vous allez être tranquille le restant de votre vie. Si un nouveau contrôle ne peut pas être effectué sur une période déjà vérifiée et pour les mêmes impôts, rien n'empêche le fisc de venir vérifier les années suivantes. Contester un contrôle n'empêche pas un nouveau contrôle pour une période différente. Autant dire que si vous persistez à commettre la même erreur après un contrôle, cette récidive risque même de déclencher un second contrôle.

Sauvé par le gong !

L'administration ne peut exercer indéfiniment son droit de reprise (opérer un redressement). Le délai pendant lequel l'administration peut effectuer un redressement est généralement de trois ans. Mais il est par ailleurs prolongé en certains cas.

- **Pour l'impôt sur le revenu, l'impôt sur les sociétés, la TVA :** le délai de reprise est de trois ans.

- **Pour les droits d'enregistrement (successions, donations, ISF...) :** le délai de reprise est de trois ans mais il est porté à six ans en cas d'absence de déclaration ou si des recherches extérieures sont nécessaires.
- **Pour les agissements frauduleux :** le délai de reprise est prorogé de deux ans mais il faut que ces agissements donnent lieu au dépôt d'une plainte pénale par l'administration fiscale.
- **Pour une activité occulte (absence de déclaration de début d'activité et absence de déclaration)** : le délai passe à dix ans.
- **Pour une activité illicite (trafic de stupéfiants, proxénétisme, vente de marchandises volées ...)** : le délai passe à dix ans.
- **Pour la non-déclaration de comptes bancaires à l'étranger :** le délai est porté à dix ans.
- **Pour la non-déclaration de contrats d'assurance vie souscrits à l'étranger :** le délai de reprise est porté à dix ans.

Bonjour ! C'est une perquisition...

Trois cents perquisitions fiscales sont effectuées chaque année. Presque une par jour...

Sous l'Ancien Régime, il était permis de perquisitionner les immigrés, les suspects et les prêtres réfractaires. Aujourd'hui, les agents de l'administration des finances publiques peuvent exercer un *droit de visite et de saisie* pour rechercher des infractions en matière d'impôts directs et de TVA. Appréciez l'élégance de la formulation : le terme, « perquisition » ferait désordre dans notre belle vitrine démocratique. Appelons un chat un chat, c'est une perquisition. Ce droit redoutable permet aux agents du fisc de se rendre à l'improviste en tous lieux (même au domicile du contribuable) pour saisir des documents et rapporter la preuve d'agissements frauduleux. La visite, qui doit avoir reçu l'aval d'un juge, est effectuée (pas avant 6 heures ni après 21 heures) tant dans les locaux d'habitation que dans les locaux professionnels.

L'avis de vérification : c'est un contrôle !

Pour vous, le contrôle n'est plus un mythe, c'est une réalité. Vous faites l'objet d'une vérification, c'est bien écrit sur l'avis de vérification que vous venez de recevoir. Une fois l'émotion passée, sachez décrypter ce document.

Décryptage

N'attendez pas la fin du contrôle pour savoir ce qui vous tombe sur la tête. Sachez ce qui vous attend, connaissez vos droits pour maîtriser la situation. L'avis de vérification :

- Informe l'entreprise qu'un contrôleur ou un inspecteur de la Direction générale des finances publiques se présentera au siège de l'entreprise dans un délai qui est généralement de dix à quinze jours
- Précise le jour et l'heure de la première intervention sur place.

Cette première intervention est essentielle, elle marque le point de départ du délai de trois mois (applicable à certaines entreprises) au-delà duquel
le vérificateur ne peut plus prolonger son contrôle. Autrement dit, à partir de quel moment il est dans l'illégalité.

- Il mentionne la période sur laquelle porte le contrôle et les impôts vérifiés. Généralement, il s'agit des trois années précédentes. Mais parfois ce délai est supérieur. Le fisc peut contrôler les exercices prescrits pour vérifier un déficit reporté sur les années prescrites.
- Il précise que l'entreprise a le droit de se faire assister par un conseil de son choix.
- Il indique les noms et adresses administratives du supérieur hiérarchique du vérificateur et de « l'interlocuteur ».
- Il mentionne la faculté de se faire assister d'un conseil de son choix.

N'OUBLIEZ PAS !

Vous recevez un avis de vérification alors que votre entreprise est fermée (activité saisonnière, par exemple). Vous devez permettre au vérificateur de faire son contrôle sur place mais vous pouvez aussi lui demander d'effectuer le contrôle chez votre expert-comptable si les documents sont chez lui.

Le vérificateur peut effectuer une intervention inopinée mais uniquement pour faire des constatations matérielles (stocks, machines...), pas pour examiner la comptabilité.

La loi n'exige le respect d'aucun délai entre la réception de l'avis de vérification et le commencement des opérations de contrôle. Mais l'administration demande à ses agents de respecter un délai de quinze jours. Le Conseil d'État, lui, estime qu'un délai de deux jours est suffisant. Ce délai est calculé sans retenir le jour de réception de l'avis ni le jour du début du contrôle, ni les samedi, dimanche et jours fériés. Ainsi, si vous recevez un samedi l'avis indiquant que le contrôle débute le mercredi, le délai de deux jours est respecté puisque vous avez disposé des lundi et mardi.

Pour faire reporter le contrôle

Un contrôle vous prend forcément au dépourvu. Le vérificateur ne vous a pas consulté pour faire cadrer son planning avec le vôtre. Il a fixé la première entrevue justement le jour où vous devez vous rendre à l'étranger pour un salon. Pas de panique ! N'attendez pas la veille du contrôle pour l'informer de votre empêchement. Le vérificateur n'est pas obligé d'acquiescer à votre demande. Mais en général, s'il le peut, il accepte de reporter le jour de la première entrevue.

Ne vous amusez pas à reculer plusieurs fois sans motif valable le premier rendez-vous. Vous pourriez être sanctionné pour *opposition à contrôle fiscal*. Méfiez-vous aussi si vous ne retirez pas votre courrier recommandé. L'administration peut considérer qu'il y a également là une opposition à contrôle fiscal. Votre bénéfice sera évalué par l'administration avec, en prime, une majoration de 100 %.

Nom, prénom
adresse
Tél. :,
Fax :,

M. ... (nom de l'Inspecteur)
(Service)
Télécopie
À (*lieu*), le (*date*)

Monsieur l'Inspecteur,

J'accuse réception de l'avis de vérification de comptabilité que vous m'avez adressé le ... (date).

Malheureusement, il se trouve qu'à la date fixée pour la première intervention, je dois ... (précisez le motif d'empêchement et, si possible, joignez les justificatifs).

En conséquence, je sollicite le report de cette première intervention.

Je vous propose le ... (indiquez plusieurs dates au choix) ou toute autre date à votre convenance.

Vous remerciant pour votre compréhension, je vous prie d'agréer, Monsieur l'Inspecteur, l'assurance de ma considération distinguée.

Signature

Modèle 15-1 : Lettre de demande de report de la première intervention.

Le déroulement du contrôle : demandez le programme

L'inconnu fait peur et le meilleur moyen de ne pas grossir inconsidérément les choses est toujours de s'informer. Le déroulement d'un contrôle obéit à une procédure qui donne des droits au contribuable et le soumet à des obligations.

Dix conseils pour avoir la « contrôle attitude »

1. Pas d'empressement inutile. Pas d'excès de zèle.
2. Restez courtois. Gardez votre sang-froid.
3. N'hésitez pas à parler des éléments qui vous sont favorables (soldes, fermeture, incidents techniques, concurrence...).
4. Souvenez-vous toujours que le contrôle fiscal est un jeu de questions-réponses. Il vaut mieux prendre un temps de réflexion pour les questions complexes ou faisant appel à votre mémoire.
5. Notez les demandes de pièces que vous présenterez lors de la prochaine venue. Pas d'excès de zèle, pas d'obstruction.
6. Répondez aux questions du vérificateur sans vous lancer dans des confidences que vous auriez à regretter.
7. Ne comptez pas trop sur votre bonne foi. Il faut des preuves !
8. N'abusez pas des réponses vagues, du genre « je me souviens avoir gagné au Loto » ou encore « c'est une vente de meubles… ».
9. Ne mâchez pas le travail. Répondez aux questions posées mais n'anticipez pas. Vous savez ce qui peut vous être reproché. Mais le vérificateur le découvre souvent en déroulant le fil que vous lui donnez.
10. Si vous rencontrez un problème, prenez rendez-vous avec le supérieur hiérarchique dont le nom figure sur l'avis de vérification.

C'est toujours comme ça la première fois…

Vous jouez certes en terrain glissant, mais vous êtes sur votre propre terrain. Le contrôle doit se dérouler au siège ou au lieu de l'établissement principal. Généralement, la première visite est une prise de contact. Le vérificateur se renseigne sur la marche de l'entreprise, les modalités d'exploitation, la politique commerciale, les périodes de soldes, l'importance des stocks… et même sur le dernier-né qui fait ses dents… Si vous avez salarié votre épouse, il vaut mieux qu'elle soit présente ce jour-là… Attention aux questions pièges du genre « combien de farine pour faire une pizza ? ». Si vous forcez la dose, vous risquez de vendre plus d'emballages que de pizzas. De quoi « faire un carton » pour le vérificateur. Enfin, votre interlocuteur vous demandera certainement les documents comptables et les pièces justificatives, pour s'assurer que rien ne manque. Il est fort probable qu'il relève le prix de vente des articles en magasin.

On se calme !

Vous n'avez rien à gagner à faire obstruction au contrôle. Bien au contraire ! Alors que vous pensez ne rien avoir à vous reprocher, vous pouvez être sanctionné pour *opposition à contrôle fiscal*. Contrairement à une idée fort répandue, l'opposition à contrôle fiscal ne suppose pas toujours une manifestation musclée. La présence de nombreuses personnes sur les lieux du contrôle qui, même silencieuses, créent un climat de tension, constitue une opposition à contrôle fiscal. Mais aussi le fait que le contribuable ne soit pas présent à la date de début des opérations de vérification ou reste absent pendant plusieurs mois. Si vous faites reporter plusieurs fois la date de début du contrôle fiscal par votre secrétaire, là encore, vous risquez l'opposition à contrôle fiscal. Votre société est dissoute et vous ne retirez pas le courrier qui lui est adressé, vous enjoignant de présenter la comptabilité ? Vous jouez avec le feu. Le fisc brandit l'opposition à contrôle plus vite qu'on ne le pense… Résultat, vous aurez droit aux foudres du fisc : évaluation d'office des bases d'imposition (de telles reconstitutions sont souvent excessives), et pour couronner le tout, pénalité de 100 % ! Vous avez donc tout intérêt à rester sur le terrain du droit. L'opposition à contrôle est la pire des choses qui puisse vous arriver au cours d'un contrôle. Il sera ensuite beaucoup plus difficile de vous défendre.

La durée du contrôle : il y a des limites !

La vérification de comptabilité est limitée dans le temps. Elle ne peut pas dépasser une durée de trois mois lorsque le chiffre d'affaires (HT) de l'entreprise n'excède pas :

- 783 000 € pour les entreprises dont l'activité principale est la vente et qui sont classées dans la catégorie des BIC (bénéfices industriels et commerciaux), ou la fourniture de logement
- 236 000 € pour les prestataires de services BIC et les activités non commerciales
- 350 000 € pour les exploitations agricoles dans la catégorie des BA (bénéfices agricoles)

La durée du contrôle des PME n'est pas limitée à trois mois lorsque la comptabilité vérifiée présente de graves irrégularités et se révèle non probante. Dans ce cas, le contrôle ne peut excéder 6 mois.

Au peigne fin...

Le vérificateur examine la comptabilité mais il ne se borne pas à vérifier si la déclaration correspond bien à la comptabilité, il contrôle par tous moyens la cohérence, la véracité des recettes déclarées et des frais et charges. Selon l'activité exercée, il cherchera la stratégie la mieux adaptée pour vérifier le chiffre d'affaires (contrôle de la marge pour un magasin de prêt-à-porter, comptage des bouteilles de vin chez un restaurateur...).

N'OUBLIEZ PAS !

L'administration peut effectuer des recherches auprès des fournisseurs, des clients, des organismes financiers, des administrations, des autorités judiciaires... Elle dispose du *droit de communication.*

Le repentir pour réduire l'addition

Au cours de la vérification de comptabilité, le vérificateur a mis le doigt sur des erreurs ou des omissions commises de bonne foi. Vous pouvez demander, avant de recevoir la proposition de rectification, à bénéficier de la *procédure de régularisation spontanée.* Pour régulariser vos erreurs, vous devrez déposer une déclaration complémentaire et acquitter en même temps les suppléments d'impôt dans les trente jours de la demande. À condition que vous soyez de bonne foi, l'intérêt de retard bénéficie d'un coup de ciseau, il est réduit de 0,40 % par mois à 0,28 %.

La proposition de rectification : combien ça coûte ?

Le contrôle a pris fin et ce n'est pas trop tôt. Maintenant vous attendez de recevoir la proposition de rectification pour savoir... combien va vous coûter le contrôle.

Les conclusions du contrôle

La proposition de rectification tarde... Prenez votre mal en patience, vous saurez toujours à temps combien on vous réclame. En général vous recevrez les conclusions dans les semaines qui suivent la fin du contrôle. À réception de la proposition de rectification, si la « facture » vous surprend, ne vous laissez pas abattre. La balle est dans votre camp.

Proposition de rectification... À retirer impérativement !

Certains contribuables pensent qu'ils pourront toujours invoquer une bonne raison pour ne pas avoir retiré la proposition de rectification. Rien n'est plus faux.

Absent... Vous pensez peut-être que si vous êtes absent pendant plusieurs semaines, le fisc n'aura qu'à renvoyer la proposition de rectification à votre retour. Beaucoup ont payé cher cette fausse croyance. Une proposition adressée alors que vous ne l'avez pas retirée pendant le délai de mise en instance à la poste produit son plein effet. Vous serez imposé sans pouvoir vous défendre et sans savoir ce qui vous est reproché.

Vous ne retirez pas la notification... La proposition produit son plein effet dès la date de dépôt du premier avis d'instance de mise à disposition de la lettre au guichet de la poste, même si le pli n'est pas retiré.

Vous partez sans laisser d'adresse... Une proposition de rectification adressée à la dernière adresse connue du service (déclarations, correspondances) est régulière même si vous avez déménagé. Il vous appartient de faire suivre votre courrier ou d'informer le service de votre nouvelle adresse.

Top chrono : trente jours pour réagir !

Le temps de la surprise passé, c'est maintenant le moment de fourbir vos armes. Vous avez trente jours pour réagir à compter du jour où vous avez reçu la proposition de rectification ! Il est important de répondre de manière circonstanciée pour réduire les redressements à cette phase du contrôle et éviter ainsi un long contentieux aléatoire. Trop souvent, les choses prennent une mauvaise tournure tout simplement parce que le document nécessaire n'a pas été présenté. N'attendez pas d'être en cour d'appel pour le présenter. C'est autant d'argent et d'énergie d'économisés.

Le délai de réponse de trente jours à la proposition de rectification est prorogé, sur demande du contribuable, de trente jours. Cette demande de prorogation de délai doit être présentée ou expédiée avant l'expiration du délai de réponse initial de trente jours (cachet de la poste faisant foi).

Vous êtes absent lors du passage du facteur venu vous remettre en recommandé une proposition de rectification. Pas de panique, le délai de réponse part seulement à compter du jour où vous avez retiré le pli à la poste. Ne laissez pas passer le délai de retrait qui vous est indiqué sur l'avis de passage.

Tu veux ou tu veux pas ?

Deux possibilités s'offrent à vous, soit accepter, soit refuser les redressements.

Nom, prénom ou dénomination sociale
adresse

M. … (nom de l'Inspecteur des Impôts)
(Adresse)
À (*lieu*), le (*date*)

Lettre recommandée avec accusé de réception
Objet : Réponse à proposition de rectification du …

Monsieur l'Inspecteur,

Les rectifications notifiées dans la proposition dont références en marge appellent les observations suivantes : … (Détaillez les rehaussements, contestez et exposez les motifs de refus).
- frais et charges : …
- recettes : …

Pour tous ces principaux motifs, je conteste les rectifications proposées.

En espérant que vous accepterez de revoir votre position concernant ces redressements, je vous prie d'agréer, Monsieur l'Inspecteur, l'assurance de ma considération distinguée.

Signature

Modèle 15-2 : Lettre de refus des redressements.

- **Vous acceptez les redressements :** il vous suffit d'en informer par écrit le vérificateur. Notez que vous pouvez accepter certains rehaussements et refuser les autres.

- **Vous refusez les rectifications :** vous n'êtes pas d'accord et vous contestez le bien-fondé des redressements en justifiant votre position. Dans ces conditions, l'administration, si elle maintient les redressements, doit vous adresser une réponse motivée.

Le contrôle privé : l'examen contradictoire de situation fiscale privée

Le contrôle privé, l'ESFP (*l'examen contradictoire de situation fiscale privée*), concerne la vérification de votre situation personnelle par opposition à celle de votre activité professionnelle, la vérification de comptabilité. L'ESFP concerne en moyenne 4 600 personnes chaque année.

Nul n'est à l'abri...

Il s'agit de vérifier votre situation fiscale par comparaison entre les revenus déclarés et votre train de vie. Les entrepreneurs sont les cibles rêvées d'un ESFP. Lorsqu'une entreprise est vérifiée, le dossier de son dirigeant est passé au crible. Les professions libérales ne sont pas épargnées.

Le déroulement du contrôle

Les choses se gâtent ! Vous recevez un avis d'examen d'ensemble de situation fiscale privée (ESFP) vous informant que vous faites l'objet d'un contrôle. En clair : un contrôle particulièrement approfondi. Il s'agit de vérifier si vous avez correctement déclaré tous vos revenus. Pas simplement les vôtres mais aussi ceux de votre épouse et des personnes à votre charge.

Dix conseils pour préparer un ESFP

1. Examinez scrupuleusement vos comptes bancaires, isolez les opérations qui risquent d'interpeller le vérificateur. Pensez à l'explication que vous aurez à donner.
2. Recherchez les justificatifs pour expliquer une « rentrée bancaire » (indemnité de licenciement, prime d'assurance, gain au jeu, prêt...).
3. Demandez à votre banquier les relevés bancaires qui vous manquent.
4. Prévenez un conseil spécialisé en fiscalité.
5. Écrivez à votre assureur pour justifier un remboursement d'assurance si vous avez égaré les justificatifs.
6. Recherchez les déclarations de revenus des années vérifiées et les explications que vous avez pu noter.
7. Mettez la main sur la reconnaissance de dette, si vous avez prêté de l'argent qui vous a été remboursé.
8. Recherchez tous les justificatifs vous permettant de justifier l'acquisition d'un bien immobilier.
9. Triez bien les documents que vous allez remettre. Un papier gênant peut être fatal !
10. N'oubliez pas que le contrôle concerne toutes les personnes à charge du foyer fiscal.

Vos relevés bancaires disséqués

Le vérificateur rapproche votre déclaration de votre patrimoine, de votre train de vie, de vos comptes financiers (comptes bancaires, CCP, livret d'épargne). Il peut examiner les relevés bancaires de tous les membres du foyer fiscal. Outre les relevés bancaires, le fisc peut, en vertu du droit de communication, se procurer auprès des banques les dossiers de prêts, les fiches de procuration. Bien sûr, le vérificateur interroge Ficoba, le fichier informatique des comptes bancaires. Il connaît ainsi avant le début du contrôle tous les comptes bancaires ou postaux ouverts à votre nom et à ceux des membres de votre foyer fiscal.

Des éclaircissements, SVP...

Après avoir « épluché » vos relevés financiers (comptes bancaires, postaux, livrets, comptes...), le vérificateur peut notamment relever trois sortes d'anomalies :

- Une discordance entre les revenus déclarés et les crédits enregistrés sur vos comptes financiers (apports d'espèces, remises de chèques, virements)
- Une distorsion entre vos encaissements et vos dépenses en espèces (établissement d'une balance des espèces)
- Des encaissements sur vos comptes financiers dont vous n'avez pas donné l'origine

Le vérificateur vous adressera alors une demande d'*éclaircissement ou de justifications* vous demandant d'expliquer ces anomalies.

Si vos réponses sont jugées suffisantes, vous ne serez pas « redressé ». Mais bien souvent, les choses se compliquent si vous n'avez pas répondu, ou si vous avez répondu hors délai, ou encore si vos réponses sont insuffisantes ou imprécises. Tel est le cas si, en réponse à une demande de justifications sur l'origine de fonds, vous vous bornez à préciser qu'ils proviennent de vos parents, d'économies personnelles ou encore de quelques « vagues » prêts. Vous recevrez alors une proposition de rectification vous informant que vous êtes taxé d'office sur les sommes que vous n'avez pu justifier.

D'utiles précautions

Vous faites partie de ces personnes qui annotent scrupuleusement leurs relevés bancaires jusqu'à la moindre somme et conservent pieusement tous les papiers, même bien au-delà du temps nécessaire. Alors, à condition bien sûr d'avoir tout déclaré, le contrôle sera une simple formalité.

Pour justifier un prêt...

Un prêt qui vous a été accordé doit être justifié. À défaut, la somme empruntée est taxée comme s'il s'agissait d'un revenu. Nombreux sont ceux qui sont piégés faute d'apporter des preuves suffisantes. Trois situations se distinguent

- Le prêt qu'un parent vous accorde bénéficie d'une présomption en votre faveur si vous établissez qu'il vous a été accordé par ce parent en produisant la photocopie du chèque, le justificatif du virement. S'agissant d'espèces, la preuve est plus délicate, le fait que le prêteur ait effectué des retraits en espèces quelques semaines avant ce prêt n'est pas un élément suffisant.

- Un ami vous prête de l'argent. Pour justifier qu'il s'agit d'un prêt, vous devrez présenter l'un et l'autre :
  - Une reconnaissance de dette notariée ou enregistrée au service des impôts des entreprises
  - La copie du relevé bancaire du prêteur et la copie recto verso du chèque émis à votre profit.
- Votre concubin vous prête de l'argent : le régime de présomption de prêt entre parents a été étendu aux concubins. Le Conseil d'État a jugé que l'existence de relations de concubinage fait présumer que les sommes versées entre concubins correspondent à des « avances familiales ». :

Je soussigné ... (nom, prénom, adresse, profession) reconnais devoir à : ... (nom, prénom, adresse, profession) quinze mille trois cents euros (15 300 €) prêtés le 12 mars (année) par chèque n° ... tiré sur la ... (nom de la banque).

Je lui rembourserai ce prêt le ... (date du remboursement), assorti d'un intérêt de ...% (pourcentage) l'an.

À ..., le ...

Lu et approuvé *Lu et approuvé*

(signature du prêteur) *(signature de l'emprunteur)*

Modèle 15-3 : Reconnaissance de dette.

Un contrôle qui dure... dur !

Les bonnes choses ont une fin, les moins bonnes traînent en longueur... L'ESFP peut durer un an et parfois plus. Il faut avoir les nerfs solides.

Un an !

Un ESFP est limité à un an. Si le vérificateur dépasse le délai, le contrôle est irrégulier.

Une rallonge, dans certains cas...

Dans certains cas précis, le délai d'un an peut être prolongé.

Des délais peuvent être accordés au contribuable à sa demande soit pour répondre à une demande de justification (si ce délai est accordé, la durée du contrôle est prorogée du nombre de jours qui vous ont été accordés).

Des délais peuvent être nécessaires à l'administration soit pour se procurer les relevés bancaires, si le contribuable ne les a pas fournis dans le délai de soixante jours ; soit pour obtenir des renseignements auprès des autorités étrangères, lorsque le contribuable a pu disposer de revenus à l'étranger. La durée du contrôle est alors prorogée des délais nécessaires à l'administration pour obtenir les documents ou les renseignements.

Le contrôle peut s'étendre sur deux ans lorsque l'administration découvre, au cours du contrôle, une activité occulte.

Surveillez de près l'agenda, conservez les accusés de réception, notez les phases essentielles du contrôle. Lorsque la proposition de rectification vous sera adressée, vérifiez bien que les indications données par le vérificateur pour justifier la prorogation du délai d'un an sont exactes.

Les sanctions fiscales

Les sanctions qui s'ajoutent au supplément d'impôt augmentent considérablement l'addition. Elles dépendent du redressement, de son importance et de l'élément intentionnel du contribuable.

Cherchez l'erreur, vérifiez que les pénalités sont motivées avec précision. À défaut, demandez l'annulation des pénalités.

Tableau 15-1 : Les sanctions pénales et fiscales pour insuffisance de déclaration

Infraction	*Sanction*
Sanctions pénales	5 ans de prison ferme et 500 000 € d'amende (peine maximale)
Sanctions fiscales (1)	
Opposition au contrôle fiscal	100 % de majoration
Manœuvres frauduleuses	80 % de majoration
Manquement délibéré	40 % de majoration
Absence de manquement délibéré	0,40 % d'intérêt par mois + majoration de 10 % (impôts sur le revenu)

(1) L'intérêt de retard s'ajoute aux majorations.

Les poursuites correctionnelles

La fraude fiscale est réprimée pénalement. Elle constitue un délit passible d'une amende maximale de 500 000 € et d'un emprisonnement maximal de cinq ans. Dans certains cas (fraude en bande organisée…) les peines sont portées à 2 000 000 € et 7 ans d'emprisonnement.

Chapitre 16

Contestez ! Gagnez !

Dans ce chapitre :

- Tous les moyens pour contester

Pourquoi faut-il toujours être en conflit avec les impôts ? Les occasions ne manquent pas... D'abord, l'impôt touche au nerf de la guerre, c'est une raison suffisante pour ne pas se laisser faire. De plus, la complexité de la loi et son obscurantisme n'arrangent pas les choses. La multiplicité des lois a également sa part de responsabilité chacun peut être piégé par une loi « sortie de derrière les fagots ». Sans oublier les textes ambigus qu'il est bien difficile d'interpréter. Parfois, le contribuable est tout simplement persuadé que l'administration lui en veut et il n'en démord pas. Il y a aussi celui qui a triché mais espère gagner du temps ou pense s'en tirer grâce à un vice de procédure. Mille raisons de contester... et parfois de réclamer des dommages-intérêts !

Tous les moyens pour contester

Les moyens de contester ne manquent pas. De nombreux recours sont offerts au contribuable qui s'estime imposé à tort. Qu'il s'agisse des recours exercés devant l'administration fiscale puis devant les tribunaux, l'amateurisme n'est pas de mise.

Si le vérificateur estime que les arguments soulevés dans votre réponse à la proposition de rectification sont fondés, il abandonnera les redressements. S'il maintient sa position, vous pourrez saisir la commission départementale des impôts directs et des taxes sur le chiffre d'affaires. Mais cette saisine n'est pas possible si le fisc a appliqué la procédure d'évaluation d'office ou de taxation d'office (sauf dans le cas d'une taxation d'office dans le cadre d'un examen contradictoire de la situation fiscale personnelle). Par ailleurs, la commission ne peut émettre un avis que dans des cas bien précis (détermination des résultats concernant les bénéfices industriels et commerciaux, bénéfices non commerciaux, condition des régimes d'exonération...).

Dix conseils pour mettre toutes les chances de votre côté devant la commission

1. Devant la commission, si vous risquez de craquer, faites-vous représenter.
2. Remettez un mandat à la personne chargée de vous représenter.
3. Si vous voulez vous présenter devant la commission mais que vous n'avez pas les nerfs solides, je vous conseille de vous y présenter accompagné d'un conseil.
4. Le jour de la séance de la commission, n'hésitez pas à produire des schémas explicatifs que vous remettrez à chaque membre de la commission (préparez huit exemplaires).
5. La commission est sensible aux arguments techniques spécifiques à votre profession qui auraient pu échapper au vérificateur.
6. Le temps qui vous est imparti est bref pour tout aborder. Choisissez de mettre l'accent sur l'erreur flagrante du vérificateur. Par exemple, dans un café, l'omission des « offerts » ou encore la reconstitution des recettes à partir d'un même tarif pour les trois années vérifiées, alors que les prix ont varié. À partir de là, proposez une reconstitution plus conforme à la réalité.
7. Soyez sincère, ne vous emportez pas.
8. Pas d'attaque personnelle contre le vérificateur.
9. N'hésitez pas, après que le vérificateur s'est exprimé, à demander la parole pour contredire un point sur lequel vous n'êtes pas d'accord.
10. N'interrompez jamais la personne qui s'exprime.

La commission rend un avis notifié par l'administration. Celle-ci n'est pas obligée de suivre l'avis de la commission mais, dans la généralité des cas, elle se range à cet avis.

N'OUBLIEZ PAS !

La commission doit être saisie dans les 30 jours de la réception de la réponse de l'administration à vos observations.

La réclamation

La Commission des impôts directs et des taxes sur le chiffre d'affaires, si vous l'avez saisie, a rendu un avis. Après notification de cet avis, le service des impôts met en recouvrement les rappels d'impôt. Mais peut-être n'avez-vous pas saisi la commission, et les rappels d'impôt ont également été mis en recouvrement. Pas d'accord, vous entendez bien contester !

Que vous ayez ou non fait l'objet d'un contrôle fiscal, la marche à suivre est la même pour contester un impôt. D'abord la réclamation au service des impôts.

Ne laissez pas passer le délai de réclamation

L'administration ne peut effectuer un redressement au-delà du délai de prescription. Pour vous, il en est de même, vous pouvez réclamer uniquement dans le délai légal de réclamation :

- **Le délai général de réclamation** (si vous n'avez pas fait l'objet d'un redressement) est de deux ans à compter de la mise en recouvrement
- **Le délai spécial de réclamation**, lorsque l'administration a opéré un redressement (en cas de contrôle fiscal, par exemple), expire le 31 décembre de la troisième année qui suit celle de la proposition de rectification.

Comment rédiger une réclamation efficace ?

La réclamation est établie sur une simple lettre. Elle doit mentionner :

- Les impôts, droits ou taxes contestés
- L'exposé des prétentions
- La signature manuscrite du réclamant ou de son mandataire

Nom, prénom
adresse

*Service des impôts**
... (ville)
(Adresse)

À (*lieu*), le (*date*)

Lettre recommandée avec accusé de réception

Objet : Réclamation contentieuse assortie d'une demande de sursis de paiement

Impôt ou taxe réclamé (impôt sur le revenu, TVA)

Années ...

Monsieur,

J'ai l'honneur de formuler entre vos mains une réclamation contentieuse assortie d'une demande de sursis de paiement aux fins d'annulation et décharge de la totalité des impositions supplémentaires suivantes établies en matière de (nature de l'impôt : impôt sur le revenu, TVA...) au titre des années ...

- *Année ... : ... € (montant de l'impôt et des pénalités réclamées)*
- *Année ... : ... € (montant de l'impôt et des pénalités réclamées)*
- *Année ... : ... € (montant de l'impôt et des pénalités réclamées)*

Ces impositions résultent de la vérification de comptabilité dont j'ai fait l'objet pour les années ... Vous trouverez ci-joint en annexe copies des avis d'imposition.

J'entends faire valoir tant des moyens de procédure que des moyens de fond relatifs au bien-fondé des impositions.

I - Procédure
- (Énumérez les irrégularités de procédure.)

II - Bien-fondé des impositions
- (Exposez les motifs des rectifications notifiées par le vérificateur.)
- (Critiquez ces motifs.)
- (Exposez vos arguments.)

Veuillez agréer, Monsieur, l'assurance de ma considération distinguée.

Signature

P. J :
- Copies des avis d'imposition
- Pièces justificatives (si nécessaire)

Modèle 16-1 : Réclamation contentieuse.

* Du lieu d'imposition.

Elle doit être accompagnée :

- De l'avis d'imposition (impôts directs)
- De l'avis de mise en recouvrement (impôts indirects, droits et taxes)

TRUC

Contester une imposition ne dispense pas de régler l'impôt réclamé dans le délai imparti. Heureusement, il y a une parade : le sursis de paiement. Il faut le demander dans la réclamation. Au-delà de 4 500 €, il vous sera accordé à condition de présenter des garanties (nantissement d'un fonds...). S'il vous est accordé, vous être tranquille, le paiement de l'impôt est suspendu jusqu'au prononcé du jugement du tribunal.

La réponse de l'administration : rejet ou dégrèvement ?

Soit l'administration accepte votre réclamation, l'imposition est alors dégrevée, la dette est effacée. Soit elle rejette votre réclamation et maintient les redressements.

Portez le litige devant le tribunal

L'administration a rejeté votre réclamation, elle maintient donc sa position.

Portez le litige devant le tribunal ; pour cela, faites-vous assister par un professionnel.

N'oubliez pas : « on n'est jamais vaincu que lorsqu'on cesse de lutter ».

Sixième partie

La partie des Dix

Dans cette partie...

Ces chapitres sont pleins de conseils, d'astuces, de chausse-trappes à éviter pour ne plus vous faire tondre comme un mouton. Ils feront de vous un contribuable avisé... et vous feront gagner de l'argent, ou du moins vous éviteront d'en perdre ! Que vous soyez un modeste contribuable ou que vous cotisiez dans la plus haute tranche du barème, le temps passé à lire ces lignes vous sera rendu au centuple. Enfin, vous serez étonné d'apprendre combien de fausses idées circulent sur les impôts. Le devoir de payer, certes, mais le droit de comprendre.

Chapitre 17

Dix idées fausses sur les impôts

Dans ce chapitre :

- Le fisc a toujours raison
- Les objectifs prioritaires
- Des conseils pour ne pas se noyer

Rien de pire que des idées toutes faites… On risque de les payer cher surtout lorsqu'il s'agit des impôts. Bien sûr, tout le monde a son mot à dire sur la question mais les conseillers ne sont pas les payeurs. Des idées circulent ; elles ont la vie dure jusqu'à finir par devenir des certitudes. Il est temps de remettre les pendules à l'heure.

Le fisc a toujours raison

Non, le fisc n'a pas toujours raison ! Lorsque vous recevez un redressement, vous avez tendance à baisser les bras. Après tout, l'administration a toujours raison et de toute façon, quoi que vous fassiez, vous aurez toujours tort. Or, bien souvent, le service notifie un redressement faute d'avoir obtenu des explications ou des justifications du contribuable. Même si vous n'avez jamais lu un article du code, si vous ne connaissez aucune jurisprudence, vous pouvez apporter les justificatifs et les explications nécessaires. Le service n'aura alors pas de raisons de maintenir sa position. L'administration peut aussi se tromper et, si vous arrivez à lui démontrer qu'elle fait fausse route, il y a toutes les chances qu'elle revienne sur sa position. D'autant que vous pouvez exercer des recours amiables auprès du conciliateur fiscal ou du médiateur fiscal.

Avec les impôts, il faut faire le mort

Ce n'est sûrement pas en faisant le mort que vous éviterez les ennuis. Lorsqu'elle a besoin d'éclaircir un élément de votre déclaration, l'administration vous adresse une correspondance. Il s'agit généralement d'une demande de renseignements. Pris par le quotidien, vous négligez d'y répondre. Après tout, vous verrez bien… C'est reculer pour mieux sauter. L'administration n'apprécie pas la mauvaise volonté, elle risque de vous adresser un redressement. Parfois, vous aurez même droit à un contrôle fiscal. C'est payer cher une négligence.

Si vous êtes contrôlé, c'est que vous avez été dénoncé

Si vous êtes contrôlé, c'est forcément parce qu'on vous a dénoncé. Implacable certitude. Un contrôle n'est déjà pas facile à gérer ; si, en plus, vous vous mettez martel en tête, vous n'avez pas fini. Certes, l'administration ne rechigne pas à exploiter une dénonciation circonstanciée, appuyée d'éléments précis. Mais, tout contrôle, loin s'en faut, n'est pas téléguidé par une délation ! Il y a tant de raisons d'être vérifié : une déclaration non déposée, un chiffre d'affaires en dents de scie, le bénéfice d'une exonération, un résultat anormalement faible, des charges exorbitantes, une discordance entre les recettes déclarées à la TVA et celles déclarées en matière de bénéfice…

Si vous êtes « pris », vous vous en sortirez toujours

Vous ne déclarez pas certains revenus et vous ne vous en portez pas plus mal. D'autant que, depuis le temps, on vous aurait déjà repéré. À ceux qui vous mettent en garde, vous répondez avec superbe que vous paierez si vous êtes pris. Mais le problème est qu'on ne vous demandera pas simplement de payer l'impôt dû pour une seule année, ce serait trop beau. On vous réclamera l'impôt sur trois années et même plus en cas d'activité occulte ou de manœuvres frauduleuses. Pour l'ISF ou les droits d'enregistrement, le fisc peut remonter six années en arrière en cas de non-déclaration. Faites le compte, le supplément d'impôt acceptable sur une année est vite insupportable sur plusieurs années ! Sans compter les intérêts de retard, les majorations et même les poursuites correctionnelles. Vous n'avez certainement pas envisagé un tel scénario. Pensez-y avant…

Qui paie ses dettes s'enrichit

L'administration ne peut plus vous réclamer le paiement d'un impôt au bout de quatre ans : il y a prescription. Mais, si le comptable public a exercé des poursuites ou si vous avez effectué un paiement pendant ce délai, un nouveau délai de quatre ans repart pendant lequel l'impôt pourra vous être réclamé. Un conseil : avant de payer, assurez-vous que la dette n'est pas bientôt prescrite. Autre exemple : lorsqu'on vous réclame l'impôt mais aussi les intérêts de retard et majorations, si vous réglez intégralement ces sommes, vous serez payé d'estime. Certes. Mais vous ne pourrez plus, en principe, obtenir la remise des intérêts et majorations. En revanche, si vous faites une demande de remise des pénalités après avoir payé seulement l'impôt, le service, s'il le juge utile, pourra vous accorder une remise sur les intérêts de retard et les majorations.

Le tribunal est du côté de l'administration

Vous n'êtes pas d'accord avec le supplément d'impôt qui vous est réclamé, vous avez fait part de votre désaccord au service, puis au conciliateur fiscal. Vous avez même réclamé auprès du service. En vain. Pourtant vous estimez avoir raison mais vous hésitez à aller plus loin. Lassé par tous ces refus, vous pensez que l'on ne vous donnera pas raison. D'ailleurs, pourquoi le tribunal désavouerait-il l'administration ? Détrompez-vous. De nombreux contribuables obtiennent satisfaction devant le tribunal. Jusqu'à présent, vous étiez seul face à l'administration, juge et partie. Maintenant, la donne change. Il y a un troisième homme : le juge. Vous aurez tout le temps de construire votre défense, alors que, jusqu'à présent, vous aviez contesté la position de l'administration mais sans justifier votre position avec la rigueur nécessaire. Il n'est pas rare que le juge, en possession de tous les éléments pour rendre son verdict, donne tort à l'administration.

Cesser son activité met à l'abri du fisc

Certains menacent de mettre la clé sous la porte lorsque le percepteur se fait trop insistant. Pourtant cesser son activité ne met pas à l'abri d'un contrôle qui peut concerner les années d'activité non prescrites. Le redressement judiciaire ou la liquidation judiciaire n'empêchent le contrôle fiscal, contrairement à une idée répandue. En cas de liquidation, la procédure de contrôle est suivie avec le liquidateur. Le dirigeant d'une société, s'il responsable de manœuvres frauduleuses ou d'inobservations graves et répétées ayant rendu impossible le recouvrement de l'impôt, est solidairement responsable de l'impôt dû par sa société. Même si l'entreprise a cessé son activité, sa responsabilité peut être mise en jeu. Enfin, en cas de condamnation pour fraude fiscale, il peut se voir réclamer l'impôt dû par la société de nombreuses années après sa liquidation.

Jamais deux contrôles coup sur coup

Après un contrôle fiscal, la seule consolation est de se dire qu'au moins on sera tranquille pour un bon moment. Au risque de vous décevoir, il n'en est rien. Pis, alors que vous êtes toujours devant le tribunal pour contester un précédent contrôle, vous pouvez fort bien en subir un second. Rien n'interdit à l'administration d'effectuer deux contrôles coup sur coup. Simplement, une année déjà vérifiée ne peut pas être vérifiée à nouveau. Un conseil : évitez de narguer l'administration en continuant à commettre la même erreur que celle qui a été sanctionnée lors d'un contrôle précédent. Les récidivistes sont mal vus.

Avec le temps... le fisc oublie

Le comptable public vous adresse courriers sur courriers, mais ils restent « lettre morte ». Vous finissez même par ne plus ouvrir ses missives qui s'accumulent sur votre bureau. Depuis le temps, il finira bien par oublier... Sauf que le dernier courrier se fait plus pressant. Et vous tombez de haut en apprenant que le fisc a saisi votre livret d'épargne et votre compte bancaire. L'avis à tiers détenteur (c'est son nom) permet au comptable public de se payer sans crier gare. Saisissant !

Partir six mois permet d'échapper à l'impôt

Sur un coup de tête, ou écœuré par un contrôle, vous dites à qui veut vous entendre que vous allez filer six mois par an à l'étranger pour ne plus payer l'impôt en France. Raccourci commode mais inexact. Il ne suffit pas de vivre 183 jours à l'étranger, il faut avoir coupé tous les ponts. En clair, il ne faut garder en France ni foyer, ni activité professionnelle, ni l'essentiel de ses activités économiques. Si vous laissez femme et enfants en France, le fisc estime que vous y avez votre foyer fiscal.

Chapitre 18

Dix chausse-trappes à éviter

Dans ce chapitre :

- Quand la transaction est un cadeau empoisonné
- Écouter son cœur peut coûter cher
- Les pièges de la défiscalisation
- Quand la taxe d'habitation est réclamée à tort

Les chausse-trappes pour contribuables honnêtes ne manquent pas. Qu'il s'agisse d'écouter son bon cœur en louant gratuitement un logement, de prêter de l'argent à un ami dans le besoin, de signer une transaction pour éviter un conflit avec l'administration ou encore de profiter d'une défiscalisation sans avoir toutes les informations nécessaires... Heureusement, les parades existent pour vous éviter d'être une victime innocente.

Quand la transaction est un cadeau empoisonné

Il vaut mieux un bon arrangement qu'un mauvais procès. C'est vrai, mais il vaut mieux regarder à deux fois avant de signer une transaction fiscale. Comme dans tout arrangement, chaque partie y trouve son intérêt. L'administration a l'assurance d'être payée rapidement et d'éviter un contentieux délicat dont elle n'est d'ailleurs pas sûre de sortir gagnante. Le contribuable évite une longue procédure parfois coûteuse et à l'issue de laquelle il n'est pas sûr d'obtenir gain de cause. En signant la transaction, vous bénéficiez généralement d'une remise conséquente des pénalités. Mais, en contrepartie, vous vous engagez à renoncer à toute réclamation. Autrement dit, même si vous avez raison, vous devez payer. Pesez bien le pour et le contre avant de signer une transaction qui peut parfois se révéler être un cadeau empoisonné.

Le sursis de paiement : à condition d'avoir les moyens

À la suite d'un redressement fiscal, le percepteur exige le paiement du supplément d'impôt sans tarder. Une réclamation avec demande de surseoir au paiement des sommes suffira à calmer ses ardeurs. Il ne pourra pas vous réclamer l'impôt jusqu'au jugement du tribunal administratif. En clair, vous êtes tranquille pour un bon moment. Mais vous devez donner des garanties (sauf si les droits sont inférieurs à 4 500 €) : hypothèque, caution bancaire… Si vous êtes un modeste contribuable, les choses risquent de se gâter si vous n'avez pas de garanties à proposer au percepteur ou s'il trouve insuffisantes celles que vous avez présentées : comptes bloqués, saisies sur salaires, saisies des meubles... Si vous avez de bonnes raisons de contester un redressement et que vous ne pouvez présenter des garanties suffisantes, vous pouvez saisir le juge des référés.

Écouter son cœur n'est pas sans risque fiscal

Louer un bien à un ami ou même à un enfant à un faible prix, quoi de plus normal ? Mais le fisc ne l'entend pas de la même oreille. Il peut tout simplement estimer ce loyer trop faible par rapport à un loyer normal et vous notifier un redressement. Pour éviter cette mauvaise surprise, mieux vaut ne pas demander de loyer du tout que de fixer un loyer trop bas.

Prêter de l'argent peut coûter cher

Un ami est dans le besoin, vous lui prêtez de l'argent. Vous êtes à mille lieues d'imaginer que ce geste pourra un jour vous coûter cher... Comme promis, votre ami vous rembourse. Le fisc peut, à l'occasion d'un contrôle, vous interroger sur l'origine du chèque encaissé en remboursement. Si vous ne pouvez justifier qu'il s'agit du remboursement du prêt que vous avez accordé, vous serez imposé sur cette somme. Le mieux est de faire enregistrer le prêt au service des impôts et, deux précautions valant mieux qu'une, le remboursement du prêt.

Les pièges du Code général des impôts

Vous avez fait l'acquisition d'un immeuble locatif et on vous a dit que vous devez louer le bien pendant par exemple neuf ans. Une fois passé ce délai, vous vendez en toute sérénité. Pourtant, le fisc remet en cause les avantages dont vous avez bénéficié. Vous croyez rêver ! C'est méconnaître l'article 156 du CGI selon lequel vous devez louer un bien pendant trois ans lorsque vous avez imputé un déficit foncier sur votre revenu global. Vous aurez beau dire que vous l'ignoriez, qu'on ne vous a jamais parlé de cet article, le fisc ne voudra rien entendre. La loi, c'est la loi.

Le propriétaire doit payer la taxe d'habitation du locataire

Beaucoup de propriétaires ignorent que le paiement de la taxe d'habitation de leur locataire peut leur être réclamé. Si le locataire n'a pas payé, le propriétaire est solidairement responsable. Une parade : un mois avant le départ de votre locataire, demandez-lui de vous présenter les quittances de sa taxe. À défaut, prévenez le comptable public. Ainsi, vous ne pourrez pas vous voir réclamer sa taxe.

Puni pour avoir trop tardé

L'anticipation, c'est bien connu, est la meilleure des parades. Les impôts n'échappent pas à ce principe. Pour éviter d'avoir à payer cher votre manque de prévoyance, faites ce qu'il faut au bon moment. Si vous attendez par exemple d'être âgé et hospitalisé pour souscrire une assurance vie en faveur de votre concubin, le fisc peut y voir une donation déguisée… taxable à 60 %. Pourtant, si vous vous y étiez pris plus tôt, vous auriez, sous certaines conditions, tout simplement transmis l'assurance vie nette d'impôt.

Taxe d'habitation réclamée à tort

Âgé de plus 60 ans et percevant des revenus modestes, vous êtes exonéré de taxe d'habitation. Mais, par ignorance, vous risquez de continuer à payer cette taxe, sans que ni vous ni l'administration ne vous en aperceviez. Que vous ne soyez pas au courant, passe encore, mais que l'administration continue à vous ponctionner alors qu'elle dispose de tous les éléments pour savoir que vous êtes exonéré, ce n'est pas normal. C'est pourtant ce qui arrive trop fréquemment. Vérifiez votre avis d'imposition ou celui de vos parents. N'hésitez pas à demander le remboursement de la taxe indûment payée.

Divorcé mais solidairement responsable

Les époux sont solidairement responsables de l'impôt. Même après le divorce et quel que soit le régime matrimonial, on peut vous réclamer la totalité de l'impôt sur le revenu et de la taxe d'habitation du foyer. Même si vous avez correctement déclaré vos revenus personnels. N'hésitez pas à faire une demande de décharge de solidarité en expliquant votre situation.

Des choix lourds de conséquence

La vie est une succession de choix dont il faut assumer les conséquences. La fiscalité aussi nous met face à des choix dont nous sommes souvent loin de mesurer les conséquences… Lorsqu'il est possible de faire machine arrière et de revenir sur un choix, ce n'est pas bien grave. Mais il est des cas où le choix est irrévocable. Par exemple, si vous encaissez des loyers, l'option pour le régime du réel est irrévocable pendant trois ans. N'optez pas sans avoir réfléchi, sachez où est votre intérêt.

Chapitre 19

Dix moyens pour optimiser votre impôt

Dans ce chapitre :

- Ne vous faites pas remarquer
- Sachez faire les meilleurs choix
- Optimisez votre situation familiale

Chaque loi de finances a son lot de carottes fiscales pour le plus grand bonheur du contribuable. Si le fin du fin de l'optimisation fiscale est d'échafauder des montages dans le respect de la loi pour optimiser l'impôt, chacun, sans être forcément fortuné ou expérimenté, peut réduire la facture.

Remplissez soigneusement la déclaration de revenus

Mal remplir la déclaration de revenus expose à des erreurs, à des confusions. Rien ne dit d'ailleurs que vous vous apercevrez de l'erreur commise à votre détriment en rédigeant votre déclaration. Pour rétablir la situation, vous devrez réclamer auprès de l'administration, ce qui n'est pas toujours agréable. Vous avez donc tout intérêt à bien remplir vote déclaration. Pour les déclarations préremplies, ne prenez pas pour argent comptant les chiffres de l'administration, vérifiez-les et rectifiez s'il y a une erreur.

Anticipez !

Prévoir c'est gouverner ! L'impôt n'échappe pas aux citations de bon sens. Il est trop souvent vécu comme un sinistre qui vous tombe dessus à l'improviste. Et pourtant, anticiper l'impôt permet parfois de sérieuses économies fiscales. Rien que pour la déclaration de revenus, ne vous y prenez pas à la dernière minute pour savoir si vous avez intérêt à rattacher votre enfant majeur à votre foyer. Avec les conseils donnés dans cet ouvrage, il vous suffit de quelques heures, payées en retour. Et que dire des successions, des donations. En ce domaine plus que d'autres, il y a gros à gagner en anticipant.

Informez-vous !

Ne soyez pas résigné. Lorsque vous percevez une somme, demandez-vous si elle imposable ou si vous ne pouvez bénéficier d'une exonération. Interrogez-vous aussi pour savoir si vous avez vraiment déduit tout ce que vous pouviez déduire. Rejetez ce vieux réflexe qui consiste à penser que tout est forcément imposable et que rien n'est déductible. Soyez un contribuable responsable. Informez-vous, l'impôt n'est pas seulement fait pour être payé, il est aussi fait pour être compris.

Contrôlez l'avis d'imposition

Une fois l'avis d'imposition édité par l'administration, ne comptez pas sur elle pour vous signaler une erreur. C'est à vous de chercher l'erreur éventuelle en examinant scrupuleusement l'avis d'imposition. Ce contrôle n'est pas très compliqué et peut rapporter. D'autant qu'il y a de fortes chances pour qu'une erreur, une fois commise, se retrouve les années suivantes. Vérifiez si le nombre de parts, qui influe sur le montant de l'impôt, correspond bien à votre situation. Assurez-vous que vos revenus correspondent bien à ceux que vous avez déclarés et que les charges retenues sont exactes, que les avantages sont bien ceux auxquels vous avez droit.

Ne vous faites pas remarquer

Ne donnez pas le bâton pour vous faire battre. En clair, ne faites rien pour attirer l'attention de l'administration. Ne vous évertuez pas à commettre chaque année la même erreur alors que le service vous a prouvé à maintes reprises que vous aviez tort. Ne déduisez pas systématiquement des dépenses que vous savez non déductibles. Le service qui veille au grain se rendra compte de votre erreur et vous adressera un redressement, non sans avoir épluché encore plus votre déclaration. Si vous êtes un « habitué », vous risquez quelque peu d'énerver l'agent en charge de votre dossier, qui n'aura pas la mémoire courte lorsque vous lui demanderez par exemple une remise de pénalités. Sans compter que vous risquez un contrôle fiscal.

Conservez les moyens de preuve

L'administration ne croit que ce qu'elle voit. Elle peut vous demander pendant trois ans de justifier une somme ou les avantages auxquels vous estimez avoir droit. Ne jetez aucun papier avant ce délai. Classez vos relevés bancaires, annotez-les des explications pour les sommes les plus importantes. N'adressez à l'administration que des copies de pièces, les originaux risquent de se perdre. Conservez les réponses de l'administration, vous pourrez les invoquer en cas de besoin.

Optimisez votre situation familiale

Quand on le peut, il vaut mieux réduire l'addition. Pour une naissance, si vous ne choisissez pas la date de l'heureux événement en fonction des impôts, il est bon de savoir que vous avez droit à une demi-part pour l'année entière, même si la naissance a lieu en fin d'année et que votre chérubin ne vous a pas coûté cher. Plus facile à gérer, la situation fiscale du couple. Beaucoup de personnes vivent en couple s'en vraiment se préoccuper de leur situation au regard des impôts. Après plusieurs années de vie commune en concubinage, il faut s'interroger sur l'intérêt de contracter un Pacs, de se marier. Autrement, les années passent et vous risquez de payer trop d'impôts par négligence.

Revenus exceptionnels : pensez au système du quotient

Percevoir un revenu exceptionnel est toujours agréable mais lorsqu'il s'agit de le déclarer, on a un pincement au cœur en envisageant le supplément d'impôt à payer. Pourtant, lorsque vous percevez par exemple une indemnité de licenciement ou une indemnité de départ en retraite, vous pouvez réduire l'addition en optant pour le système du quotient par une simple lettre accompagnant votre déclaration de revenus. Vous réduirez ainsi la progressivité et éviterez une trop forte taxation.

Faites les meilleurs choix

Il en est de la fiscalité comme de la vie. Il faut faire les bons choix au bon moment. Il est en effet possible d'optimiser l'impôt en choisissant la meilleure option. Pour vos loyers, devez-vous opter pour le régime du microfoncier ou le régime du réel ? Salarié, vous est-il plus intéressant d'opter pour les frais réels ? Faut-il ou non rattacher un enfant majeur ou lui verser une pension ? À chaque occasion, il faut s'interroger, s'informer pour tirer le meilleur parti des avantages qu'offre la loi. N'hésitez pas à faire des simulations pour calculer le gain d'impôt en fonction du choix que vous faites. Le temps passé n'est rien par rapport à l'économie d'impôt réalisée.

Pensez au démembrement de propriété

Le démembrement consiste à diviser la propriété d'un bien entre le nu-propriétaire et l'usufruitier. Définitif ou temporaire, il permet de réaliser des économies d'impôts non négligeables, notamment en matière d'ISF, de donation, de succession. Cette solution est bien sûr à étudier au cas par cas avec un professionnel du droit.

Chapitre 20

Dix questions que vous vous poserez un jour ou l'autre…

Dans ce chapitre :

- Une erreur dans votre déclaration
- Le bordereau de situation fiscale
- Les impôts locaux
- Vérifiez votre avis d'imposition

Voilà les réponses aux questions que vous, ou un de vos proches, vous poserez un jour ou l'autre…

Vous avez perdu votre avis d'imposition

En vous connectant sur votre espace personnel sur www.impots.gouv.fr vous imprimerez immédiatement votre avis. Vous pouvez aussi obtenir un duplicata auprès du Service des impôts des particuliers.

Vous n'êtes pas d'accord

Vous n'êtes pas d'accord avec une décision du service, le rejet d'une réclamation ou d'une demande de remise des pénalités. Ou encore sur une demande de refus de délai de paiement. Vous pouvez saisir le conciliateur fiscal. Sauf s'il s'agit d'une vérification de comptabilité ou d'un examen de situation fiscale personnelle.

Le fisc n'a pas reçu votre déclaration

Vous avez adressé votre déclaration dans les délais, mais elle n'est pas arrivée au service et vous avez été sanctionné. Écrivez aux impôts pour demander la remise de la majoration appliquée (lettre recommandée avec accusé de réception). Vous pouvez aussi faire cette demande en ligne sur `impots.gouv.fr`. L'administration est libre de vous accorder ou non la remise, mais si vous avez toujours déclaré dans les délais, elle vous sera probablement accordée.

Mensualisation, modifier ses mensualités

Vous estimez que votre impôt diminuera ou au contraire augmentera. Pour modifier vos mensualités, vous avez jusqu'au 30 juin. Soit par courrier, soit par Internet.

Parent isolé : mariage, divorce

L'année du mariage, du Pacs, du divorce, de la séparation ou de la dissolution du Pacs, la situation de parent isolé pour bénéficier de la demi-part supplémentaire s'apprécie au 31 décembre.

Une erreur dans votre déclaration

Vous vous apercevez que vous avez commis une erreur dans votre déclaration…

- **Si vous n'avez pas encore reçu votre avis d'imposition**, il n'est pas trop tard pour rectifier. Si vous avez télédéclaré, vous pourrez effectuer les modifications sur `www.impots.gouv.fr`. Sauf s'il s'agit d'un changement de situation familiale, mariage, Pacs, rupture d'un Pacs, divorce, décès, vous devrez alors déposer une déclaration rectificative sur papier auprès de votre service des impôts. Si vous avez souscrit le formulaire papier, adressez une déclaration rectificative par lettre recommandée avec accusé de réception. Précisez bien sur la première page de façon apparente « déclaration rectificative ».

- **Si vous avez reçu votre avis d'imposition**, vous devrez faire une réclamation écrite en expliquant votre erreur, accompagnée de la copie de la première déclaration et de l'avis d'imposition. Vous pouvez aussi, même si vous n'avez pas déclaré vos revenus en ligne modifier les erreurs en effectuant une réclamation, sur www.impots.gouv.fr.

Impôts locaux, vérifiez votre avis d'imposition

Ils vous paraissent exorbitants. Avant de réclamer, procurez-vous à votre centre des impôts la fiche de calcul de la valeur locative pour voir si les éléments mentionnés correspondent à votre habitation. Vos taxes d'habitation et foncière sont en effet calculées à partir de la valeur locative. Si vous n'y comprenez rien, prenez rendez-vous et demandez des explications. Pour la taxe d'habitation, vérifiez si l'abattement par personnes à charge a bien été prise en compte. Vérifiez aussi que l'exonération due à votre âge a bien été appliquée. Vous êtes exonéré si vous avez plus de 60 ans (de la taxe d'habitation) ou plus de 75 ans (de la taxe foncière), à condition d'avoir des revenus modestes. Votre revenu fiscal de référence de l'année précédente ne doit pas dépasser un montant fixé chaque année.

Vous constatez une erreur ? Faites une réclamation, mais ne tardez pas. Vous avez jusqu'au 31 décembre de l'année suivant celle du recouvrement.

Où trouver votre numéro fiscal ?

- Soit sur votre déclaration de revenus préremplie : à la première page en haut à gauche (13 chiffres).
- Sur votre avis d'imposition à l'impôt sur le revenu.

Comment se procurer un bordereau de situation fiscale ?

Vous avez besoin de justifier être à jour de vos impôts. Adressez-vous au Service des impôts des particuliers pour obtenir un bordereau de situation fiscale.

En concubinage, qui paye la taxe d'habitation ?

C'est le titulaire du bail qui est redevable de la taxe d'habitation. Mais vous pouvez demander à faire l'objet d'une imposition commune.

Septième partie

Annexes

Dans cette partie…

Des mots pour éviter des maux… Le lexique traduit en langage simple des termes hermétiques sortis du jargon fiscal,. La « valeur vénale », le « revenu de référence » et beaucoup d'autres expressions n'auront plus de secrets pour vous.

Au premier pli (pas toujours le mauvais) du fisc, vous bondirez plus vite sur le lexique que sur l'annuaire. C'est moins coûteux que de faire appel à un traducteur.

Vous trouverez aussi les réponses aux questions que vous vous posez au quotidien, le montant des seuils mentionnés dans l'ouvrage pour bénéficier d'exonérations, d'allégements.

Annexe A

Glossaire

abattement : montant déductible de la base imposable.

amortissement : constatation comptable de la dépréciation d'un bien pour la détermination du bénéfice imposable.

assiette : base sur laquelle est calculé le revenu imposable de l'impôt sur le revenu.

assujetti : redevable.

avance : dans le cadre d'une assurance vie, prêt consenti par l'assureur au souscripteur ; il n'interrompt pas le contrat.

avantages en nature : avantages consentis par un employeur au bénéfice d'un salarié. Cet avantage doit être déclaré dans le revenu imposable du bénéficiaire (voiture de fonction...).

avis à tiers détenteur : avis adressé par le comptable public à un tiers qui détient des sommes dues à un contribuable, lui demandant de verser la somme correspondant à l'impôt dû. L'avis à tiers détenteur peut être contesté dans le délai de deux mois.

avis de mise en recouvrement : titre émanant du service des impôts rendant exigible le paiement réclamé. Sa notification est le point de départ du délai de réclamation.

avis de vérification : document par lequel l'administration informe le contribuable qu'il fait l'objet d'un contrôle fiscal. (Vérification de comptabilité ou examen contradictoire de situation fiscale privée.) L'envoi est accompagné de la *Charte du contribuable* qui définit les droits et les devoirs de l'administration et du contribuable.

avis d'imposition : document adressé par le Service des impôts au contribuable et sur lequel sont mentionnés le calcul de la base imposable, le montant de l'impôt à payer, la date d'exigibilité, la date de mise en recouvrement.

base imposable : revenu net imposable.

bénéfices non commerciaux : bénéfices provenant des revenus des professions libérales, des titulaires des charges et offices…

charte du contribuable : document exposant les droits des contribuables faisant l'objet d'un contrôle fiscal.

coefficient multiplicateur : vous achetez 100 € et revendez 300 €, le coefficient multiplicateur est alors de 3. Ce coefficient est utilisé par le vérificateur pour apprécier le chiffre d'affaires déclaré ou pour reconstituer des recettes.

Commission départementale des impôts directs et des taxes sur le chiffre d'affaires : commission composée d'un magistrat, de représentants de l'administration et de représentants des contribuables. Elle doit être saisie dans les trente jours de la réponse de l'administration aux observations formulées par le contribuable à une proposition de rectification.

contrôle fiscal : action de l'administration pour vérifier les déclarations fiscales. Ce contrôle peut prendre la forme d'une vérification de comptabilité (vérification des revenus professionnels) ou d'un examen contradictoire de situation fiscale privée (vérification de l'ensemble des revenus du contribuable). Si le redressement est injustifié, n'hésitez pas à exercer un recours.

contrôle sur pièces : contrôle effectué à l'insu des contribuables à partir de déclarations souscrites.

convention fiscale : traité passé entre plusieurs États dans le but d'éviter une double imposition des contribuables. La France a conclu des conventions avec la plupart des pays du monde.

CRDS : contribution au remboursement de la dette sociale.

crédit d'impôt : ne pas confondre crédit d'impôt et réduction d'impôt. À la différence de la réduction d'impôt, et s'il excède l'impôt dû, le crédit d'impôt est restitué par l'administration alors que la réduction d'impôt n'est pas remboursée.

crédirentier : bénéficiaire d'une rente versée par le débirentier.

décharge de l'imposition : annulation totale ou partielle de l'imposition.

décote : diminution de l'impôt sur le revenu accordée en fonction des revenus du foyer.

déduction d'impôt : la déduction s'impute sur le revenu. Si vous êtes imposé dans les tranches les plus élevées du barème, vous avez intérêt à rechercher les déductions d'impôt.

défiscalisation : terme couramment employé depuis les années 1980 pour désigner une opération prévue pour réduire le montant de l'impôt en toute légalité.

dégrèvement : diminution ou annulation de l'impôt à la suite d'une réclamation.

désistement : en cours d'instance, le contribuable ou l'administration peuvent se désister. Lorsque l'administration accorde en cours d'instance (avant que le tribunal ait rendu sa décision) un dégrèvement, le tribunal peut demander au requérant s'il veut se désister.

doctrine : interprétation de la loi et de la jurisprudence.

don manuel : donation qui concerne ce qui se transmet de la main à la main : bijoux, meubles, argent, valeurs mobilières… L'intervention d'un notaire n'est pas obligatoire, mais c'est une précaution utile.

donataire : personne qui reçoit une donation.

donateur : celui qui consent un don.

donation-partage : acte par lequel les père et mère ou autres ascendants effectuent de leur vivant la distribution et le partage, de façon définitive, de tout ou partie de leurs biens en faveur de leurs enfants, de leurs descendants ou de leurs héritiers présomptifs (lorsqu'il n'y a pas de descendants, frères et sœurs, neveux et nièces).

donation déguisée : donation déguisée sous une autre forme, par exemple sous la forme d'un contrat de vente, afin de réduire les droits à payer. En cas de requalification de la vente en donation, la vente ne sera pas annulée, mais les droits de donation seront exigés.

droit de communication : l'administration fiscale a le droit de demander aux banques, administrations et entreprises publiques ou privées tout renseignement en vue de contrôler l'impôt.

esfp: examen contradictoire de la situation fiscale personnelle. Ce contrôle concerne les particuliers.

exonération : somme dispensée partiellement ou totalement de l'impôt.

foyer fiscal : le foyer fiscal se compose du contribuable, de son conjoint, des enfants ou des autres personnes fiscalement à sa charge ; ou d'une personne vivant seule (célibataire, séparé, veuf).

fraude fiscale : délit prononcé par le tribunal correctionnel, puni d'une amende et d'une peine d'emprisonnement.

jurisprudence : décisions des tribunaux.

liquidation de l'impôt : calcul de l'impôt exigible.

livre des procédures fiscales : ensemble des textes législatifs concernant le recouvrement et le contrôle de l'impôt.

mainlevée : acte par lequel l'administration lève une hypothèque.

manœuvres frauduleuses : manœuvres destinées à se soustraire frauduleusement à un impôt. Elles sont sanctionnées par une pénalité de 80 % des sommes dues.

nantissement : acte par lequel le comptable public reçoit en garantie un fonds ou des parts sociales.

proposition de rectification : lettre recommandée dans laquelle le service expose les rectifications qu'il entend opérer.

nu-propriétaire : personne qui dispose d'un bien mais n'en a ni la jouissance (dividendes…), ni l'usage (occupation d'un appartement…).

nue-propriété : droit de propriété d'un bien dont un autre, l'usufruitier, a la jouissance.

obligation alimentaire : obligation par laquelle une personne est tenue de fournir à une autre les moyens nécessaires pour vivre.

occulte (activité) : activité non déclarée. Sanctionnée par une majoration de 80 % et par une imposition d'office.

optimisation fiscale : recherche des moyens légaux par le contribuable pour réduire son impôt sur le revenu.

options : choix donné au contribuable entre deux régimes (par exemple frais forfaitaires ou réels des salariés).

prescription : période au terme de laquelle une imposition ne peut plus être remise en cause par l'administration.

prestation compensatoire : somme qu'un époux doit verser à l'autre en exécution d'un jugement de divorce, pour compenser la disparité de niveau de vie entraînée par la rupture du ménage.

primes : dans le cadre d'une assurance vie, versements effectués, libres (ce que vous voulez) ou périodiques (mois, trimestre).

privilège du Trésor : inscription qui permet au comptable public d'être payé en priorité mais aussi d'informer vos clients ou fournisseurs que vous avez une dette fiscale.

quotient (système du) : pour éviter une imposition trop pénalisante des revenus exceptionnels ou différés, vous pouvez choisir d'être imposé selon le système du quotient. Ce système atténue la progressivité de l'impôt.

quotient familial : il consiste à diviser le revenu imposable par un nombre de parts, en fonction de la situation de chacun et du nombre de personnes fiscalement à sa charge.

quotité disponible : partie des biens dont vous pouvez disposer librement.

rattachement au foyer fiscal : possibilité pour un enfant de moins de 21 ans ou de moins de 25 ans, s'il poursuit ses études, de demander son rattachement fiscal au foyer de ses parents.

recours contentieux : recours par lequel un contribuable conteste l'imposition (réclamation…).

recours gracieux : recours par lequel le contribuable ne conteste pas l'imposition mais demande notamment, compte tenu de sa situation ou d'événements survenus, que lui soit accordée une remise notamment des pénalités.

recouvrement : encaissement de l'impôt.

redressement fiscal : rectification d'une déclaration fiscale par l'administration fiscale.

réduction d'impôt : réduction du montant de l'impôt. À ne pas confondre avec la déduction d'impôt qui vient en diminution du revenu imposable.

rente viagère : pension versée par un débirentier (celui qui doit) à un crédirentier (celui qui reçoit) pendant toute sa vie.

revenu fiscal de référence : le revenu fiscal de référence figure sur l'avis d'imposition à l'impôt sur le revenu. Il correspond au revenu net imposable (revenu après déductions et abattements) auquel sont ajoutés notamment certains revenus exonérés (salariés détachés à l'étranger...) et certaines déductions (cotisations PERP, abattement de 40 % sur les dividendes).

revenus exceptionnels : revenus perçus à titre inhabituel, qui ne sont pas susceptibles d'être recueillis chaque année (indemnité de licenciement...). Pour payer moins d'impôt, demandez à bénéficier du système du quotient.

rôle : liste nominative des contribuables et de leur cotisation d'impôt.

signes extérieurs de richesse : évaluation forfaitaire du revenu imposable d'après certains éléments du train de vie. Au terme d'un calcul effectué à partir d'un barème annuel, il prend en compte employés de maison, motocyclettes, yachts, bateaux à voile et de plaisance, chevaux de course…

signification : acte signifié par huissier.

souscripteur : dans le cadre d'une assurance vie, l'assuré qui s'engage à payer les primes et dont le décès ou la survie entraîne le paiement du capital ou d'une rente.

taux effectif : taux applicable aux revenus imposables en France des personnes qui, fiscalement imposées en France, ont une activité à l'étranger. Ce taux est déterminé compte tenu des revenus exonérés qui auraient été imposables si une convention ne les avait pas exonérés. Mais il est appliqué aux seuls revenus imposables en France.

taxation d'office : la procédure de la taxation d'office est appliquée si vous n'avez pas produit votre déclaration dans les trente jours d'une première mise en demeure. Ou si votre déclaration a été déposée tardivement.

tolérance légale : aucun intérêt de retard n'est réclamé lorsque l'insuffisance des chiffres déclarés n'excède pas 5 % de la base d'imposition pour l'impôt sur le revenu et 10 % pour l'ISF.

transaction : contrat par lequel l'administration accorde une remise des pénalités à un contribuable qui, en contrepartie, ne peut plus contester l'imposition et doit s'acquitter de sa dette dans de brefs délais.

usufruit : droit de percevoir les revenus d'un bien appartenant au nu-propriétaire. Il s'éteint au plus tard au décès de l'usufruitier.

usufruitier : l'usufruitier a la jouissance d'un bien qui appartient au nu-propriétaire.

valeur locative : loyer que produirait un immeuble s'il était loué. Cette valeur est à distinguer de la valeur cadastrale fixée par l'administration.

valeur vénale : prix de vente compte tenu de l'offre et de la demande. C'est le prix auquel un bien aurait été vendu dans les conditions normales du marché.

visite domiciliaire : perquisition fiscale sur autorisation du juge. Elle peut avoir lieu en tous lieux (local professionnel, domicile) de 6 heures à 21 heures.

Annexe B

Quelques chiffres utiles pour bénéficier de certains allègements ou exonérations

Montant du SMIC

Montant annuel

- 2015 : 17 490,24 €
- 2016 : 17 600,00 €

Montant mensuel

- 2015 : 1 457,52 €
- 2016 : 1 466,62 €

Plafond de la Sécurité sociale

Montant annuel

- 2015 : 38 040 €
- 2016 : 38 616 €

Montant mensuel

- 2015 : 3 170 €
- 2016 : 3 218 €

Index